LES AVANTURES DE *** OU LES EFFETS SURPRENANS DE LA SYMPATHIE.

TOME I.

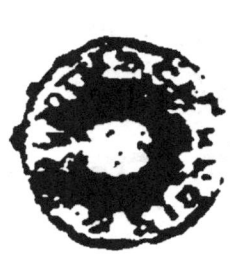

A PARIS,
Chez Pierre Prault, à l'entrée du
Quay de Gêvres, du côté du Pont
au Change, au Paradis.

────────────────

M. DCC. XIII.
Avec Approbation, & Privilege du Roy.

AVIS
AU LECTEUR.

L'Avant-propos que l'auteur de ces Avantures fait lui-même en parlant à une Dame, pourroit leur servir de Preface. Il écrivit ces mêmes Avantures pour amuser cette Dame qu'il aimoit. Elle avoit le goût fin, & malgré le caractere insensible qu'il lui attribuë par tout, & qu'elle pouvoit effectivement

Tome I. ã

s'être fait à force de sagesse ou d'indolence, elle étoit née, comme tout le beau sexe, avec ce sentiment interieur presque toûjours aussi noble que tendre, & qui seul fait juger sainement des faux ou des vrais mouvemens qu'on donne au cœur. C'est au goût & à ce sentiment secret indépendant des loix steriles de l'art, que l'auteur a tâché de conformer le langage & les actions de ses personnages. C'est à sa maîtresse, c'est à tout le sexe qu'il veut plaire. Pour y reüssir, il a tâché de copier la nature, & l'a prise

au Lecteur.

pour regle. Il est vrai qu'avec elle on s'égare ; hé qu'importe, si ces égaremens sont vrais ? Plus on la corrige, moins elle est parfaite ; la raison, en la reformant, ne peut remplacer les beautez qu'elle lui ôte. Mais, dira-t-on, la regle qu'on lui donne rend avec usure à l'esprit les plaisirs qu'elle retranche au cœur, & qui deviendroient fades. Étrange prudence ! qui en ménageant à l'esprit des plaisirs souvent faux, & toûjours rares, prive le cœur d'un plaisir doux & sûr, & interrompt les douceurs du sentiment, qui sont les plus touchantes.

L'auteur de ces Avantures ne se sert presque de l'esprit que pour peindre le cœur. Il écrivoit pour une Dame, dont tout l'esprit étoit beaucoup de goût sans art, & beaucoup de sentiment; il a tâché de la divertir, sans s'inquieter si ce qu'il écrivoit pourroit aussi divertir ce petit nombre de beaux esprits qui ne lisent un livre, pour ainsi dire, qu'avec la regle & le compas dans l'esprit: gens dont le goût est alteré par la contrainte qu'ils lui impo-

au Lecteur.

sent, & qui se feroient un scrupule de rire, s'ils n'avoient ri par methode. En vain on leur dira : Lisez ce livre, ne soyez point sçavans, mais simplement spirituels ; regardez-le comme l'ouvrage d'un jeune homme, qui ne se proposa pour art que le bon sens, qui avoit dessein d'amuser, & qui peut-être a pû répandre de l'esprit dans ce qu'il a fait. Ils auront alors la curiosité de lire le livre, ils y trouveront cette conduite de bon sens, mais que la regle n'aura point symetrisée : delicatesse, portraits vifs,

á iij

beautez d'expressions, situations interessantes, s'il s'en trouve, ils ne le connoîtront pas. J'avoûrai cependant que parmi eux il en est que l'amour des regles ne rend point insensibles à des beautez naturelles, & moins regulieres ; l'art qu'ils ont étudié, & qu'ils sçavent, en leur donnant de l'érudition, ne leur a point ôté cet esprit d'honnête homme galant & aisé. Ils rendront justice aux productions d'un genie vif, ils compenseront les défauts d'un trop grand feu avec les traits hardis, les images naïves, &

au Lecteur.
la delicatesse du sentiment.

C'est à ces honnêtes spirituels, qui par une superiorité de goût & de genie ont le secret d'en sçavoir autant que ces sçavans jurez, sans être pedans comme eux; c'est aux Dames, juges équitables des mouvemens d'une passion qu'elles causent, & qu'elles ressentent elles-mêmes plus delicatement que nous, que j'adresse cette Preface. Pourveu que ces Avantures leur plaisent, que nos pedans les méprisent, que sans respect pour le sexe ils condamnent avec impolitesse un ouvrage dont le sujet est le cœur; le connoissent-ils ce cœur? eux qu'un aimable loisir, mêlé d'un commerce galant, n'a jamais excitez à la tendresse. Pensent-ils qu'un étude sauvage, quelques conversations sçavantes, fournissent à l'esprit des lumieres suffisantes pour juger des matieres qui ne regardent que le cœur? Qu'ils apprennent qu'il faut l'avoir senti pour le connoître, & que tel est l'avantage du sentiment, qu'un ignorant amoureux, qui n'a pour tout principe que sa tendre vivacité, est en fait

au Lecteur.

d'amour autant au-dessus d'eux, qu'en fait d'érudition il sont au-dessus de lui.

Quel est donc, diront-ils, ce hardi faiseur de Prefaces ? Nous incapables de juger sainement d'un Roman? nous des pedans ? nous dont le goût n'est pas le meilleur ? Ces decisions ne peuvent partir que d'un jeune homme; & si l'auteur des Avantures, jeune homme aussi, raisonne aussi juste, le Livre & la Preface sont d'excellens morceaux. Voyons par curiosité ce que c'est que ce sentiment, cette delicatesse

Avis
dont le jugement nous est interdit. Là-dessus ils liront : O Dieux ! s'écrieront-ils alors en s'arrêtant par-tout, quelle tendresse ! quelles conversations fades ! quelles tristes reflexions ! quelle chimere de sentimens !

Et voila justement où j'attens ces Messieurs; car si malgré leurs exclamations critiques ou méprisantes, ce qu'ils reprennent est dans la nature, les Dames trouveront ces endroits touchans; le secret plaisir qu'elles auront à les lire sera la preuve la plus vraye du peu de connoissan-

au Lecteur.
ce & du mauvais goût de nos sçavans. Les galans spirituels susceptibles des charmes du sentiment, par le frequent usage de la politesse & du commerce du monde, decideront apparemment comme les Dames, par goût pour elles & pour le Livre, & que produiront alors le mépris & la mauvaise humeur de nos sçavans. Quand un Roman attendrit les Dames, en vain on crie qu'il ne vaut rien ; le cœur est gagné, il est persuadé, peut-il se tromper? & puisque le Roman n'est fait que pour le cœur, quand il le tou-

che doit-on s'en plaindre?

Mais, diront-ils, tout ce qui touche le cœur des Dames n'eſt pas eſtimable; ce cœur n'eſt-il pas ſujet à mille caprices? eſt-ce toûjours au vrai merite qu'il ſe rend? le ſujet de ſes tendreſſes ne devroit-il pas ſouvent être celui de ſon averſion, ou de ſon mépris?

Beaux diſcours! car ſans attribuer en particulier aux Dames des caprices de choix que nous partageons avec elles, pourquoy confondre la tendreſſe en general, qui eſt comme la trempe du cœur, avec un mouvement determiné pour quelque chose, tel qu'est l'amour, qui peut effectivement être capricieux; mais dont le principe, qui est cette tendresse que j'ai dite, est toûjours sans erreur & sans défaut? Que le choix du cœur, que le sujet de son affection soit mauvais, je le veux : mais ce cœur dont le caractere est tendre, regardé seulement comme tendre, ne peut se sentir remuer en lui-même, que par quelque chose qui soit capable de réveiller en lui sa tendresse; de sorte que quand

Avis

les Dames lisent un Roman, en vain l'amour en est la matiere, si cet amour n'est dépeint dans le vrai. La tendresse de leur cœur n'est point excitée, c'est un amour étranger qu'elle ne connoît point ; c'est un enfant de l'imagination qui ne peut rien sur elle ; il faut quelque chose qui lui ressemble, & qui tienne de son caractere.

Si au contraire les Dames en lisant ce Roman se sentent attendries, il est ridicule de dire qu'il est mauvais ; l'interêt secret qu'elles y prennent ne peut être que l'effet de

au Lecteur.

quelque chose de touchant qui s'insinuë dans le cœur, qui le gagne, & qui reflechit sur lui. Dira-t-on, par exemple, que le cœur n'a qu'une pitié déraisonnable & capricieuse? Quand nous sommes émûs à l'aspect d'un accident funeste qui blesse ou qui tuë quelqu'un, reçoit-on mal à propos une impression d'inquietude? Quand on regarde une personne exposée à quelque danger, sera-t-on bien venu d'assurer que le cœur a tort de fremir pour elle? Belle comparaison! répondront ces Messieurs. Non sans doute on n'a point tort d'être émû à la vûë des objets que vous dites, parce que ces objets sont presens, qu'ils sont effectivement vrais, le danger menace, le sang coule ; le rapport que les yeux font à l'ame est certain, elle ne peut plus se méprendre.

Belle réponse, puis-je dire à mon tour! Comme si pour être émûë, l'ame dans le moment avoit besoin du raport de ses yeux ; l'idée qu'elle conserve de ces sortes de choses ne suffit-elle pas? Quand nous avons été témoins des accidens que je viens

au Lecteur.

viens de dire, si dans un Roman que nous lisons on nous les represente, les idées ne se réveillent-elles pas sur le champ, pourveu que le récit que nous lisons figure un portrait fidele de ce que nous avons vû ?

Mais aprés tout, diront-ils encore, ce Roman n'est qu'un Roman, tout ce qu'on y peint est faux : l'ame est touchée, il est vrai ; ainsi comme elle s'émeut par une fausseté, ne peut-on pas croire, puis qu'il suffit que ces idées soient rappellées, que cette fausseté, bien ou mal dépein-

Avis

ce, peut la toucher? Et s'il est vrai qu'elle la touche, n'avons-nous pas raison de dire que le sentiment que nous inspire une lecture ne fait pas la preuve du vrai, ou d'une peinture naturelle?

Quel raisonnement! J'avoûrai que l'idée peut être rappellée par un recit, ou par un portrait mal dépeint: mais ce n'est alors qu'une idée languissante qui ne tire point l'ame de sa tranquilité, & ne produit chez elle qu'un ressouvenir indifferent des choses dont elle fut frapée autrefois. Il manque à cette

au Lecteur.

idée, pour qu'elle interesse l'ame, & qu'elle la transporte, un certain feu qu'elle n'a pû recevoir, faute d'une expression naïve & vraye, faute enfin d'un goût de sentiment, dont le recit qui l'a rappellée est dénué.

Ainsi l'ame, il est vrai, peut s'interesser à la lecture d'une fausse avanture, pourveu que le recit en ressemble au vrai. Aprés cela on pourroit encore differencier l'interêt qu'elle y prendroit, de celui qu'exciteroit chez elle la chose effective. La pitié que nous ressentons à la vûë d'un

ẽ ij

objet vrai, n'est pas la même que nous ressentons au recit d'un malheur feint. La pitié qu'excite l'objet present, les inquietudes qu'il nous cause affligent l'ame, & font des impressions fâcheuses. Elle est attendrie : mais elle souffre réellement. Le sentiment est triste; au lieu que le simple recit, quelque affreux qu'il soit, s'il excite la pitié, ne porte dans l'ame qu'un interêt compâtissant sans douleur. On gemit avec ceux qui nous paroissent gemir : mais comme leurs maux ne sont que feints, l'ame émûë se fait

au Lecteur.

un plaisir de sa sensibilité, en se garantissant par la raison d'une tristesse veritable, qui ne doit la saisir qu'à la realité des malheurs.

Iphigenie dans le tragique doit être sacrifiée. Sa jeunesse, ses larmes, sa douceur, son obeïssance à son pere ; tout nous fait partager avec elle l'horreur de sa situation : mais nous ne la sentons point comme horrible, nous la sentons comme touchante, nous plaignons cette infortunée, nous pleurons avec elle ; plus elle a de raisons de s'affliger, plus nous avons d'ardeur à nous representer son affliction, le degré de son malheur fait celui de nôtre sentiment & de nôtre plaisir.

Oreste vient-il annoncer à Hermione sa maîtresse la mort de Pyrrhus qu'il a tué, le traitement qu'il en reçoit nous étonne, nous frape comme lui, l'amertume de ses remords penetre jusqu'à nous : mais ils perdent dans nôtre ame ce qu'ils ont de triste & d'amer, & n'y laissent qu'un trouble dont nous joüissons avec autant de douceur, qu'Oreste en est tour-

au Lecteur.

menté avec rage; nous nous plaisons aux transports que sa fureur par contrecoup nous inspire, & ils ne nous tirent de l'état naturel que pour nous faire goûter des charmes dans un saisissement effrayant, extraordinaire, dont la douceur est necessairement attachée au ressouvenir secret, que le furieux que nous voyons n'est qu'un furieux de commande.

Mais je m'apperçois qu'insensiblement je fais des reflexions & des remarques au lieu d'une Preface, & tout cela pour justifier les senti-

Avis

mens que les Avantures que je donne inspireront aux Lecteurs. Ma bile contre la regularité des beaux esprits sçavans ne garantira point cet ouvrage de la critique, ou du peu de cas que tout le monde en peut faire; s'il n'est pas interessant, les Dames peu touchées de sçavoir qu'il a été fait suivant leur goût, ne seront curieuses que d'y trouver du plaisir sans indulgence pour l'auteur en faveur de son intention. Ainsi j'abandonne ce Roman à ses risques & fortunes, persuadé qu'il meritera
l'éloge

au Lecteur.
l'éloge bon ou mauvais qu'on en fera. J'ai cependant dans le fort de la querelle appellé certains beaux esprits pedás, & voila des ennemis que j'ai suscitez à l'auteur. Leur critique se fût peut-être passée sans bruit ; car la critique en peu de mots est la plus presomptueuse & la plus d'usage chez ces Messieurs, quand ils ne connoissent pas les auteurs. Ils regardent quelquefois un livre sans aveu, comme un espece d'enfant trouvé que quelque miserable auteur a fait perdre, & n'a point osé declarer pour sien,

par une honte qui, à l'avis de ces Messieurs, le caracterise lui & son ouvrage. Mais à quoy bon parler encore de la maniere de critique de ces Messieurs ? Il vaudroit bien mieux effacer le mot de pedans. Aprés tout, l'inconvenient à le laisser n'est pas grand. Si l'ouvrage n'est pas de leur goût, s'ils le méprisent, pedans sera juste ; car j'aurai le plaisir d'avoir prophetisé. Si par bonheur le livre alloit leur plaire, pedans ne sera plus pour personne, & ils ne s'appercevront pas que c'étoit d'eux dont je par-

au Lecteur.

lois. Je n'effacerai donc rien. Mais avant de finir, j'ai envie de dire un mot sur la maniere dont est composé ce Roman, par reflexion à la maniere dont les jeunes gens les veulent à present.

Je trouve à mon gré qu'on a retranché des Romans tout ce qui pouvoit les rendre utiles, & souvent même interessans. Ceux qu'on compose à present ne sont que de simples avantures racontées avec une hâte qui amuse le lecteur à la verité, mais qui ne l'attendrit, ni ne le touche ; il est simplement cu-

Avis
rieux, & rien de plus.

Pour moy je ne puis comprendre comment il est possible qu'on ait pû se persuader que c'étoit là la maniere la plus delicate de composer des Avantures. L'auteur de celles que je donne n'étoit pas apparemment de ce goût; car son Roman est semé de reflexions, que quelques gens à qui j'ai lû le manuscrit ont trouvées trés-interessantes. Ces sortes de livres, disent-ils, inspirent des grands sentimens; ils élevent l'ame, le cœur est agreablement entretenu dans un

au Lecteur.

goût de tendresse noble & charmante, au lieu que les Romans d'à present lûs une fois ne sont bons qu'à jetter. Relisez-les une seconde fois, vous y trouverez une secheresse, & un vuide de pensées qui vous en rebute; ce n'est qu'un amas, pour ainsi dire, d'actions sans ame: mais c'est assez. Les avertissemens dont on prévient le Public servent-ils de quelque chose? Non sans doute, on en croit son esprit & son cœur, & l'on porte son jugement à proportion que l'un & l'autre sont satisfaits.

APPROBATION.

J'Ai lû par l'ordre de Monseigneur le Chancelier le present Manuscrit, & n'y ai rien trouvé qui en doive empêcher l'impression. Fait à Paris ce 10. Juillet 1712.

Signé, FONTENELLE.

PRIVILEGE DU ROY.

LOUIS, par la grace de Dieu Roy de France & de Navarre : A nos amez & feaux Conseillers les Gens tenans nos Cours de Parlement, Maîtres des Requêtes ordinaires de nôtre Hôtel, Grand Conseil, Prevôt de Paris, Baillifs, Senechaux, leurs Lieutenans Civils, & autres nos Justiciers qu'il appartiendra, Salut. PIERRE HUET, Libraire à Paris, Nous ayant fait remontrer qu'il desireroit donner au Public *Les Avantures de*** ou les effets surprenans de la sympathie*, s'il Nous plaisoit lui accorder nos Lettres de Privilege sur ce necessaires; Nous avons permis & permettons par ces Presentes audit Huët de faire imprimer ledit Livre en telle forme, marge, caractere, conjointement ou séparément, & autant de fois que bon lui semblera, & de le vendre, faire vendre & debiter par tout nôtre Royaume, pendant le tems de trois années confecutives, à compter du jour de la datte defdites Prefentes. Faifons défenfes à toutes perfonnes, de quelque qualité & condition qu'elles foient, d'en introduire d'impreffion étrangere dans aucun lieu de nôtre obeïffance ; & à tous Imprimeurs, Libraires & autres d'imprimer, faire imprimer, vendre, faire vendre, debiter, ni contrefaire ledit Livre en tout ni en partie, fans la permiffion expreffe & par écrit dudit Expofant, ou de ceux qui auront droit de lui ; à peine de confifcation des exemplaires contrefaits, de quinze cent livres d'amende contre chacun des contrevenans, dont un tiers à Nous, un tiers à l'Hôtel-Dieu de Paris, l'autre tiers audit Expofant, & de tous dépens, dommages & interêts. A la charge que ces Prefentes feront enregiftrées tout au long fur le Regiftre de la Communauté des Imprimeurs & Libraires de Paris, & ce dans trois mois de la datte d'icelles, que l'impreffion dudit Livre fera faite dans nôtre Royaume, & non ailleurs, en bon papier & en beaux caracteres, conformément aux Reglemens de la Librairie ; & qu'avant que de l'expofer en vente, il en fera mis deux exemplaires dans nôtre Biblioteque publique, un dans celle de nôtre Château du Louvre, & un dans celle de nôtre trés cher & feal Chevalier Chancelier de France le Sieur Phelypeaux, Comte de Pontchartrain, Commandeur de nos Ordres. Le tout à peine de nullité des Prefentes ; du contenu defquelles vous mandons & enjoignons de faire joüir l'Expofant ou fes ayans caufe pleinement & paifiblement, sans souffrir qu'il leur soit fait aucun trouble ou empêchement. Voulons que la copie desdites Presentes, qui sera imprimée au commencement ou à la fin dudit Livre, soit tenuë pour dûement signifiée, & qu'aux copies collationnées par l'un de nos amez & feaux Conseillers & Secretaires foy soit ajoûtée comme à l'original. Commandons au premier nôtre Huissier ou Sergent de faire pour l'execution d'icelles tous actes requis & necessaires, sans demander autre permission, & nonobstant Clameur de Haro, Chartre Normande, & Lettres à ce contraires; Car tel est nôtre plaisir. Donné à Fontainebleau le septiéme jour du mois d'Août, l'an de grace mil sept cent douze, & de nôtre Regne le soixante-dixiéme. Signé, Par le Roy en son Conseil, DE S. HILAIRE, & scellé du grand Sceau de Cire jaune.

Registré sur le Registre n. 365. de la Communauté des Imprimeurs & Libraires de Paris, page 497 n. 501. conformément aux Reglemens, & notamment à l'Arrêt du 13 Août 1703. A Paris ce vingt-sixiéme jour du mois d'Août 1712.

Signé, L. JOSSE, *Syndic.*

LES

LES AVANTURES DE ✱✱✱
OU LES EFFETS SURPRENANS DE LA SYMPATHIE.

DE toutes les paſ-
sions qui font agir les
hommes, celle de
l'amour a toûjours été la
plus forte & la plus genera-

Tome I.   A

le; l'ambition a donné lieu à de grandes entreprises, elle a produit souvent d'étranges revolutions : les Rois dépoüillez de leurs Sceptres par leurs propres sujets; les Empires les plus florissans détruits & ravagez par la guerre, voila ses effets. La gloire fait les Heros, elle inspire l'intrepidité dans le danger, elle éleve, elle rend immortels ceux qu'une vile naissance condamnoit à vivre dans la poussiere. Trouver des charmes dans le carnage le plus affreux, mediter les coups les plus perfides, les executer sans remords, risquer à se perdre soy-même; voila les fureurs de la vengeance. Mais l'amour plus puissant que toutes ces passions, produit lui seul tous les effets que je viens de dire. Il tire les hommes de leur caractere, il leur donne des vertus que la nature leur avoit refusées, il les jette dans des crimes qu'ils regardoient avec horreur, il les transforme pour ainsi dire. Le sexe même le plus sage se porte par l'amour à des extrémitez que la foiblesse du temperamment semble lui devoir interdire. L'amour enfin rend capable de tout ; sagesse, devoir, reconnoissance, tout est sacrifié quand il s'est rendu maître de nos cœurs. Les Avantures que je vais rapporter prouveront quel est son pouvoir ; & quoyqu'il ne s'agisse ici ni de Trônes renversez, ni des forfaits fameux dont l'histoire nous fournit tant d'exemples, les traits qu'on y verra suffiront pour faire avoüer que l'amour est le plus aveugle & le plus fort des mouvemens du cœur de l'homme. L'au-

DE ***
teur de ces Avantures les fit pour satisfaire à la priere d'une Dame qu'on peut juger qu'il aimoit, puisqu'il y adresse quelquefois le discours, pour lui prouver que l'amour n'est pas si terrible qu'il le paroît ; comme cet ami m'en a laissé le manuscrit, je n'ai voulu rien y changer, & la peinture que je viens de faire de l'amour est uniquement aussi pour satisfaire à une formalité d'usage avec le Lecteur, qu'il faut preparer à son sujet. Ce que j'ai dit donnera des raisons de ne point aimer à ceux

qui craignent l'amour, & le difcours que mon ami adreffe à la Dame fournira des raifons d'aimer à ceux qui font nez tendres. Voila le pour & le contre, chacun choifira fuivant fon humeur. C'eft à prefent mon ami qui parle.

Je n'aurois pas tardé fi long-temps, Madame, à vous envoyer l'Hiftoire que je vous ai promife, fi la vivacité de mon efprit avoit égalé l'envie que j'avois de vous fatisfaire : mais il faloit mettre en ordre les differentes avantures de mon

Heros, & cet arrangement est difficile à qui n'a pas plus d'ufage d'écrire que j'en ai, peut-être même n'y aurois-je pas réüffi, fi mon ardeur à vous obéïr, & l'efperance de vous amufer ne m'avoient tenu lieu d'adreffe & de genie : Que je ferois heureux, fi pour prix de mes peines le caractere paffionné de mon Heros pouvoit en faveur de l'Hiftorien changer auffi le vôtre & vous attendrir un peu ! J'avoüeray pourtant qu'un fentiment de delicateffe mêleroit de l'amertume au plaifir que
A iiij

j'aurois de vous voir senfible, puisque vous ne le seriez devenuë qu'à l'aide d'un amour étranger : mais n'importe, mon malheur ne seroit pas grand si je ne me plaignois plus que par delicatesse ; vous cesseriez d'être insensible , l'amour étoufferoit mes plaintes, & j'oublierois bientôt la maniere dont vous en auriez pris, pour me livrer tout entier à la douce certitude d'être aimé : mais je vais commencer. J'avois oublié que vous condamnez mon cœur au silence , mon oubli est pardonnable ; la memoire est d'un difficile usage, quand il faut se ressouvenir d'un ordre qui nous défend de parler de ce qu'on aime : je n'ai pas même la force de souhaiter de l'avoir meilleure, & je sens bien que si je ne finissois j'augmenterois encore ma desobeïssance.

Clorante (c'est le nom de mon Heros) vivoit depuis son enfance dans un château éloigné du commerce des villes. Il étoit d'une naissance élevée : son pere, que d'injustes persecutions avoient fait fuir de Londres, étoit venu se refugier en France ; & comme il étoit jeune, il avoit épousé dans ce Royaume une Dame d'une condition égale à la sienne, qui devint la mere de Clorante. Ce dernier n'avoit encore que sept ans, quand son pere laissant son épouse à la campagne dans un château où ils demeuroient ordinairement, partit pour revoir Londres, trompé par des amis perfides qui lui écrivoient que ses affaires étoient accommodées. Il embrassa mille fois ce fils, le seul fruit de son mariage, & le recommanda à la mere dans les termes les plus tendres. Adieu, lui dit-il, Madame; c'est moins l'amour que j'ai pour ma patrie, qui m'engage à partir, que l'esperance, en rentrant dans mes biens, de vous faire un sort plus conforme à ce que vous êtes. Ayez soin de Clorante, il doit vous être aussi cher qu'à moy; donnez-lui une éducation digne de sa naissance, parlez-lui quelquefois de moy, & croyez que quelque chose qui m'arrive, mon cœur ne vous oubliera jamais, & ne respirera qu'aprés *le plaisir de vous revoir.* Aprés ces mots il embraſſa la mere, qui fondant en larmes, ne répondit à ſes adieux que par ſes ſoûpirs; & s'arrachant d'un lieu qui n'offroit à ſes regards qu'un ſpectacle de triſteſſe, il partit accompagné de deux hommes ſeulement.

La mere de Clorante, aprés ſon départ, privée d'un époux qu'elle cheriſſoit, ſentit pour ſon fils redoubler ſa tendreſſe, & le regarda comme le gage precieux de leur amour. La vûë de ce cher fils pouvoit seule la consoler de l'absence de son mari; elle y voyoit ses traits, il lui sembloit le voir lui-même; & aidant à se tromper par cette ressemblance, elle parloit au pere, & lui marquoit dans son erreur les empressemens les plus doux: mais elle ne borna pas à d'inutiles caresses son attention pour ce fils. Quand il fut dans un âge un peu plus avancé, elle ne s'occupa plus que de son éducation. Clorante avoit l'air noble, sa phisionomie étoit belle & prévenante, toutes ses manieres étoient accompagnées d'une douceur aimable; il n'avoit point dans ses jeux cette activité puerile & obstinée qu'on remarque dans ses pareils. Il les quittoit sans chagrin, & les reprenoit sans trop de vivacité; il étoit affable, caressant, compâtissant aux maux qu'il voyoit souffrir, & charmé quand il pouvoit y apporter du remede; il étoit naturellement modeste; vif sans precipitation, fier sans orgüeil, & genereux sans vanité: il avoit enfin ces heureuses dispositions qu'imprime la nature dans les cœurs nobles & vertueux. Il ne s'agissoit que de les cultiver, la mere y donna ses soins; chaque jour quelque trait de vertu la payoit de ses peines : jamais succés ne fut plus prompt. Il n'avoit encore que douze ans, & la raison à cet âge regloit toutes ses actions. Il eut pour ses exercices les maîtres les plus habiles. L'estime & l'amitié attachoient à lui tous ceux qui l'approchoient, & jamais mere n'eut plus de sujet de cherir un fils.

Un jour Clorante étoit

avec elle, elle lui montroit le Portrait de son pere, & soupiroit de son absence: Vous lui ressemblez par les traits, lui disoit-elle, tâchez, mon fils, de lui ressembler en tout; sa naissance, quoiqu'illustre, est moins noble que son cœur, jamais sa sagesse ne s'est démentie; imitez-le, Clorante, vous êtes encore bien jeune, (il avoit alors quinze ans) je n'ai rien negligé pour vous inspirer des sentimens dignes de vous, vôtre heureux penchant, je l'avouë, a secondé mes soins: mais malgré

gré ce penchant & mes soins, le torrent de la jeunesse, si vous vous y abandonnez, peut détruire ces dispositions de vertu que j'ai cultivées. C'étoient là les sages instructions que cette mere donnoit à son fils, quand on vint l'avertir qu'un des domestiques qui avoit accompagné son mari venoit d'arriver. Elle ordonna qu'on le fît entrer. Il vint : la tristesse étoit peinte sur son visage, & l'air chagrin avec lequel il s'avançoit ne témoignoit que trop qu'il alloit annoncer de fâcheuses nouvelles. Où est mon mari, lui dit-elle avec precipitation ? où l'avez-vous laissé ? répondez-moy, ne reviendra-t-il jamais ? Ce domestique ne rompit son silence funeste que par un soûpir, & lui presenta sans rien dire une boëte qu'il tenoit à la main. Elle l'ouvrit, elle y trouva deux lettres, dont l'une étoit pour elle, & l'autre pour son fils. D'une main tremblante elle décacheta la sienne ; elle étoit conçûë en ces termes.

Je vous dis en partant, Madame, que mon cœur

ne vous oublieroit jamais ; recevez les dernieres marques de son souvenir. Je meurs trahi de mes meilleurs amis, & le genre de ma mort est un mystere dont mon amour vous épargne la connoissance. J'employe à vous écrire les momens qui me restent à vivre ; chaque instant diminuë de mes forces : mais ma tendresse m'en prêtera assez pour vous entretenir. J'ai vêcu sept ans avec vous ; les malheurs les plus cruels ont rempli le reste de ma vie. Je la verrois finir avec indifference, si je ne vous avois jamais connuë : cependant mon chagrin m'est cher, puisque c'est vous qui le causez. La mort me trouble, parce que je vous quitte : mais puis qu'il faut que je meure, je me livre à tout mon trouble, pour redoubler un cher souvenir qui vous rend encore presente à mes yeux. Je pense avec douleur à la triste surprise où vous jettera la nouvelle de ma mort. Il me semble que vous êtes gemissante, que rien ne vous peut consoler. Je vous vois baignée de larmes, cette idée fait couler les miennes ; l'état funeste où je vous vois m'arrache des soûpirs : mais l'avouërai-je, Madame ? il est des momens où cette idée a des charmes pour moy ; vos larmes me prouvent vôtre amour, je n'en puis à present souhaiter d'autre preuve, je meurs, je me represente vôtre affliction, je la vois avec douceur ; cette douceur est bien triste: mais c'est la seule que je puisse goûter, toutes les autres me sont interdites. Quelle extremité cependant que d'être réduit au seul plaisir de vous voir affligée ! je ne pensois qu'à vous, je n'avois d'ambition que pour vous, je ne m'interessois que pour vous seule, & je meurs éloigné de vous; si je vous voyois, si j'avois la la consolation de vous embrasser, si peu de distance nous separoit l'un de l'autre, oüi, je mourrois sans m'apercevoir de la mort, & les horreurs d'une prison... Qu'ai-je dit ? oubliez ce mot, Madame, je ne sçai comment il m'est échapé; je n'avois dessein que de vous apprendre que je mourois, mes chagrins m'en ont fait trop dire. Mais je me regarde, je songe à vous, & je vous perds, voila les raisons que j'écoute, aprés cela suis-je le maître de ne dire que ce qu'il faut? Adieu, Madame, je sens que je vais expirer, je vous ai donné presque tous mes momens, je vais donner à mon fils l'instant qui me reste à vivre. N'oubliez jamais un époux qui vous aimoit avec tendresse, ayez soin de Clorante, vous lui devez tout l'amour que vous aviez pour moy, songez en le voyant que c'est un autre moy-même, plaignez-moy quelquefois ensemble. Adieu.

Que devint la mere de Clorante en lisant cette lettre ? chaque mot lui perçoit le cœur, elle esperoit de revoir bientôt cet époux, elle apprend sa mort ; & quelle mort ! c'est un secret qu'on lui cache, elle imagine la plus funeste; une vive douleur la saisit, elle chancelle, son fils en larmes s'approche pour la secourir ; elle est déja tombée dans un fauteüil, il s'écrie, les domestimeſtiques accourent pour la ſecourir : mais ſa foibleſſe eſt ſi grande, qu'il ſemble qu'elle va perdre la vie. Elle revient cependant à elle, elle demande ſon mari, tout le monde ſe taît, elle s'apperçoit du ſilence que gardent ceux qui ſont auprés d'elle; elle ſe reconnoît enfin : mais la raiſon en finiſſant ſon égarement, ne la rend encore que plus ſenſible à la perte qu'elle a faite. Elle appelle alors ſon fils, dont l'accablement eſt preſque auſſi grand que le ſien, elle veut lui parler, les sanglots étouffent sa voix, elle s'efforce cependant de resister à sa douleur, elle prononce ces mots : La mort, dit-elle, nous ôte l'esperance, à vous de revoir un pere, à moy de revoir un époux; je sens, mon fils, que je ne lui survivrai pas long-tems. Quelque aversion que j'aye pour la vie, je souhaiterois de vivre encore pour vous : vous aviez besoin de mes conseils, & ils vont vous manquer. Prenez la lettre de vôtre pere, vous la devez à l'effort de la tendresse qu'il avoit pour vous; gardez-la,

& respectez des caracteres qu'un pere mourant vous traça sans doute pour vous inspirer la vertu. L'état où il fut, celui dans lequel vous me voyez, ce qu'il eût souhaité de vous dire, ce que je vous dis à présent ; tout, mon fils, doit dans vôtre cœur graver des impressions de malheur, & vous laisser des reflexions qui vous rendront vertueux, si vous les écoutez. N'oubliez donc jamais la fin tragique de vôtre pere, faites-vous une loy d'accomplir ce qu'il desiroit de vous. Je ne voudrois vivre que pour vous servir de guide : si vous m'aimez, donnez-vous tous les conseils que j'aurois pû vous donner moy-même. Quoique vous soyez jeune, la raison vous avertira de ce qu'il faut faire, il ne tiendra qu'à vous de la suivre. Souvenez-vous toûjours de nous avec tendresse, & ne soyez content de vous, que quand vous jugeriez que nous le ferions nous-mêmes. Voila ce que j'ai crû devoir vous dire à present ; peut-être n'aurai-je pas la force de vous parler davantage, elle commence à me manquer entierement; qu'on me mette au lit, & qu'on me laisse reposer pendant quelque tems. Alors on la deshabilla. Tous les domestiques étoient consternez, les larmes couloient de leurs yeux; on eût dit, à les voir, que chacun d'eux perdoit ce qu'il avoit de plus cher. Celui qui avoit apporté les nouvelles de la mort étoit resté dans la chambre; la mere de Clorante, pendant qu'on la deshabilloit, lui demanda en quel état il avoit laissé son mari. Dispensez-moy, dit-il, Madame, de vous faire un si triste recit; vôtre époux ne vit plus, le reste est inutile à sçavoir : ne me le demandez point, Madame, & ne cherchez point à redoubler vos malheurs. Non, non, repartit-elle, quelque chose que vous ayez à m'apprendre, je l'écouterai avec fermeté, mon cœur a reçû toute l'impression qu'il pouvoit recevoir; n'hesitez point à parler, je vous l'ordonne, j'ai pris mon parti sur le reste. Ce domestique étoit un homme âgé; son maître, qui lui avoit re-

connu de l'esprit & une fidelité à l'épreuve, avoit toûjours eu pour lui une entiere confiance, & les vertus que cet homme avoit vûës dans cet illustre maître lui avoient aussi inspiré des sentimens au-dessus de sa condition. Quand il vit que la mere de Clorante le pressoit de parler: On m'avoit, dit-il, ordonné le silence; mais puisque vous voulez que je le rompe, je vais vous découvrir tout. Vôtre époux arriva à Londres, dans l'esperance de rentrer dans ses biens, & d'y voir ses amis
C iiij

en pleine liberté. Ceux qui lui avoient mandé que ſes affaires étoient accommodées l'avoient trompé ; ils avertirent le Roy de ſon arrivée, quelques heures aprés il fut arrêté & conduit en priſon. On me permit de le ſuivre, & je ne l'ai jamais quitté. Mon maître jugea d'abord qu'on l'avoit trahi ; il écrivit à ceux qu'il croyoit ſes amis les plus ſinceres : mais les uns n'oſant plus avoir de commerce avec lui, ſe contenterent de le plaindre, & ne lui répondirent pas; & les autres, bien loin de le servir, se declarèrent ses ennemis jurez. On l'a depuis laissé languir dans les prisons pendant tout le tems que vous ne l'avez vû. Je ne vous dirai pas, Madame, avec quelle fermeté il soûtint ses malheurs ; vous le connoissiez mieux que moy. Souvent je gemissois, & il me consoloit lui-même avec une douceur que j'admirois. Je serois, me disoit-il quelquefois, insensible aux maux que l'on me fait souffrir, si je n'avois perdu l'espoir de revoir ma femme & mon fils ; voila le seul malheur qui me touche, je ne sens pas les autres. Comme il avoit la liberté de voir tout le monde, un jour un de ses ennemis vint le trouver. Dés qu'il le vit entrer, il s'avança, sans marquer aucun trouble, le reçut avec une noble honnêteté qui fit rougir son ennemi. Approchez, lui dit-il, & quelle que soit vôtre intention, ne craignez aucuns reproches ; un homme comme moy, qui n'a point merité ses malheurs, sçait les supporter, sans avoir la foiblesse de s'en plaindre à ceux qui les caufent : c'eft à eux à fe les reprocher. Il accompagna ces mots d'un vifage ferain & tranquile qui étonna cet homme. Vôtre fermeté me furprend, repartit-il, je n'efperois pas un accüeil auffi genereux ; & fi les hommes comme vous n'ont point la foibleffe d'ufer de reproches envers ceux qui les perfecutent, ils fçavent fans doute payer de reconnoiffance le zele officieux d'un ennemi qui ceffe de l'être, & qui fe repent de l'avoir été. Je vous ai perfecuté, continua-t il, je n'hesite point à l'avoüer, puisque vous n'hesitez point à me le pardonner : mais je viens rougir devant vous de mon injustice, & vous marquer en même tems autant d'ardeur à vous servir, que j'en eus autrefois à vous nuire. Oui, Seigneur, j'envisage maintenant mon procedé avec horreur, le remords qu'il me laisse me rend capable de tout pour vous tirer de la triste situation où vous êtes ; mon intention, en vous servant, est de vous faire oublier tout ce que vous avez souffert de ma part. Je ne vous dis point de gagner vôtre eſtime, je ne puis plus la meriter. On medite vôtre mort, je veux vous ſauver, & je le puis: j'ai paru le plus obſtiné à vous perdre, on ne ſe doutera jamais de l'intelligence que nous aurons enſemble; & ſi vous voulez vous fier à moy, je vous mets en peu de jours hors d'état de rien craindre. Une ame comme la vôtre doit être au-deſſus de la méfiance qui fait balancer les foibles quand un ennemi vient ſe reconcilier avec eux. Si j'étois encore le vôtre, qui pourroit m'engager à vous trahir? On veut vôtre mort, & j'aurois lieu d'être content. Ainsi, Seigneur, prenez une resolution, je vous ai dit ce que je pensois, acceptez les offres que je vous fais ; vous ne risquez rien en vous abandonnant à ma conduite ; que vôtre innocence ne vous fasse pas negliger les moyens que je vous donne pour vous sauver : vous perirez, Seigneur, si vous vous livrez à la discretion de vos Juges. Il se tut aprés, en attendant la réponse de mon maître, qui lui dit : Les offres que vous me faites me surprennent à mon tour, Seigneur ; elles me seroient suspectes si j'étois coupable ; mais de pareilles méfiances qu'inspire le crime n'arrêtent point les innocens, à qui il est permis de tenter sans crime & sans remords tout ce qui peut les affranchir de l'injustice. Je ne vous soupçonne donc d'aucun mauvais dessein ; les cœurs droits ne connoissent point la perfidie, il faut en sçavoir l'usage & les détours pour en soupçonner dans les autres ;

ainsi, Seigneur, vous n'aurez point de peine à me persuader que vous êtes de bonne foy. Voyons quelles sont vos mesures, je me fie à vous. Celui à la garde de qui vous êtes commis, repartit cet homme, est de mes amis, j'ai sçû l'engager à favoriser vôtre évasion : nous somme convenus ensemble qu'il faloit détacher une pierre de la muraille de la chambre qui joint celle ci, vous sçavez qu'on vous en a laissé l'entrée libre ; ainsi dés que la pierre sera détachée, on vous en avertira par un billet,

let, que mon ami mettra lui-même dans une serviette, que vous reconnoîtrez être celle-là par une tache noire qui la marquera. Vous attendrez que tout le monde repose, & vous entrerez dans cette chambre voisine; la lecture du billet vous apprendra de quel côté sera la pierre détachée ; vous n'avez qu'à la pousser, elle tombera, & de peur qu'on ne s'en apperçoive, vous la remettrez à sa place quand vous serez passé par l'ouverture. Vous trouverez d'abord un petit degré, que vous descendrez ; au bas du degré vous verrez un homme qui vous conduira hors d'ici, & qui vous menera dans l'endroit où je vous attendrai pour vous mettre en état de vous sauver promtement. Voila, Seigneur, tout ce que j'avois à vous dire, vous ne languirez encore que quatre ou cinq jours. Mon maître, aprés ces mots, fut quelque tems sans répondre. Pour moy, j'avouë que je me défiai d'une reconciliation si promte. Cet homme feignit de se lever pour sortir : Adieu, dit-il, Seigneur ;

vôtre irresolution m'accuse d'une trahison nouvelle, je sors pour vous épargner la vûë d'un homme que vous devez haïr: mais, Seigneur, souvenez-vous qu'un zele aussi sincere que le mien efface, & repare désormais tous les maux que j'ai pû vous faire. Arrêtez, lui dit mon maître, vos soins genereux me font oublier que vous fûtes mon ennemi, & je prefere encore les risques d'un nouveau malheur à la honte de devenir ingrat; c'en est fait, je me livre à vous : l'honneur, vôtre generosité, l'esperance de revoir ce que j'ai de plus cher au monde ; tout enfin exige que je vous croye. J'attendrai ce jour qui doit finir mon esclavage, avec l'impatience de vous en témoigner une reconnoissance éternelle. Cet homme alors sortit, en l'assurant que dans peu de jours il seroit libre. Pour moy je demeurai triste, & craignant les suites d'une avanture si extraordinaire. Tu le vois, me dit mon maître, l'innocence est toûjours secouruë, nos propres ennemis se lassent du ctime. Helas! Seigneur, lui dis-je, vôtre cœur eſt ſans art, la vertu vous charme, l'action de vôtre ennemi en apparence eſt genereuſe, cela ſuffit pour vous perſuader qu'il eſt ſincere : mais, Seigneur, les perfides ſçavent joüer toutes ſortes de rôles; ſi cet homme étoit né genereux, il ne vous eût pas perſecuté, & puis qu'il a pû le faire, il eſt bien difficile que le remords le rende vertueux. Ceſſe de t'alarmer, me dit-il, la mort dont on me menace auroit lieu de le ſatisfaire. Et que ſçavez-vous, Seigneur, lui répondis-je, s'il est vrai qu'on veüille vous faire mourir? Enfin, dit-il, on pourroit, il est vrai, le soupçonner de mauvaise foy: mais quand j'aurois moy-même de pareils soupçons, je les cacherois, & ne les écouterois pas. Je loüe ta crainte, elle est loüable, elle t'est permise: mais elle deviendroit lâcheté chez moy. Ajoûtes à cela que l'esperance de revoir mon épouse & mon fils me ferme les yeux sur tout ce qui pourroit arriver dans la suite. Je ne lui répondis plus rien, & nous passâmes encore quatre jours, sans que la serviette mysterieuse parût: mais le lendemain nous vîmes la marque. Mon maître dîna; & quand je fus seul avec lui, il prit le billet qu'il y trouva, & le lut. Cet ennemi reconcilié lui faisoit de nouvelles protestations de service, & lui marquoit que tout étoit prêt. Nous attendîmes la nuit. Une inquietude me saisit, que les discours obligeans de mon maître ne pûrent m'ôter. La nuit vint; & quand nous crûmes que tout le monde dormoit, nous entrâmes dans l'autre chambre, nous poussâmes la pierre, qui tomba comme on l'avoit marqué. Je voulus passer le premier, me défiant de tout. Mon maître me suivit, & nous remîmes la pierre; nous vîmes le petit degré, que nous descendîmes : au bas du degré nous rencontrâmes l'homme qui devoit nous attendre. Voila, dit-il en presentant une lettre à mon maître, ce qu'on m'a dit de vous donner; suivez-moy, & je vais vous mener dans un lieu de sûreté. Celui qui

qui écrit la lettre, dit mon maître, sera-t-il où nous allons? Non, dit cet homme, il vous marque les raisons qui l'ont empêché de venir: mais vous ne l'attendrez pas long-temps. Aprés cela cet homme marcha: mon maître mit la lettre dans sa poche. Nous entrâmes dans une petite ruë, nôtre guide disparut alors dans l'obscurité de la nuit, & nous l'appellâmes en vain; un moment aprés nous vîmes paroître dix ou douze hommes armez qui vinrent à nous. Nous mîmes tous deux l'épée à la main ; ils nous attaquerent : mon maître se défendit avec un courage qui le soûtint long-tems contre ses ennemis ; nous fûmes cependant blessez tous deux, & à la fin entourez. On nous reconduisit dans les prisons, comme gens qui s'en étoient sauvez. Ils foüillerent mon maître, & se saisirent de la lettre qu'il avoit reçûë de cet homme au bas du degré ; ils la lûrent, & firent les surpris. Il sembloit par cette lettre que mon maître étoit entré dans une conspifation contre le Roy, à qui dans les fuites on le perfuada. Ils lui dirent mille invectives, il garda un filence méprifant. Cette trahifon ne parut point l'avoir abattu. On le fit defcendre dans des cachots affreux. Sors, me dit l'un de ces miferables, & ne parois jamais. Non, répondis-je, je veux le fuivre. On ne me preffa pas davantage, & l'on nous enferma tous deux. Le lendemain on fit paroître mon maître devant des Juges, qui l'interrogerent. Epargnez-vous, leur dit-il, d'inutiles formalitez, je n'ai rien à vous répondre, faites vôtre charge. Ils le presserent en vain, il ne parla plus. Je ne sçai ce qui se passa : mais bientôt aprés deux hommes armez entrerent dans nos cachots : ils en accompagnoient un troisiéme, qui tenoit un gobelet plein de poison. On nous ordonne, dit-il à mon maître, de vous faire avaler ce breuvage. Vos armes sont de trop, répondit-il, je n'ai point envie de me sauver. Aprés ces mots il avala ce qui étoit dans le gobelet : un instant aprés il commença à se sentir mal, il demanda une plume & du papier; on lui apporta ce qu'il voulut. Il vous écrivit, Madame, & à son fils, & me chargea de vous porter les lettres. Pars sur le champ, me dit-il, & que j'aye, avant de mourir, la consolation de sçavoir que tu es en chemin. Je voulois rester. Si jamais tu m'aimas, continua-t-il, ne me refuse point ce que je te demande; je meurs: sois persuadé que tu me fus cher. Adieu ; obeïs-moy pour la derniere fois, cache à ma femme le genre de ma

E iij

mort, & ne m'oublie jamais. Que ce moment me parut affreux! Je le quittai desesperé, & sans sçavoir où je portois mes pas. Je n'entendis plus parler de lui, & je partis pour vous rendre le triste dépôt qu'il m'avoit laissé. Aprés ce recit le domestique se tut. La mere de Clorante l'avoit écouté avec tant de moderation, qu'on eût dit qu'elle étoit insensible. Quand il eut fini, elle leva les yeux au Ciel. Clorante la pria de prendre un peu de repos. Cette mere jetta sur lui un regard mêlé de compassion & de tendresse. On la coucha sur le champ, & elle pria qu'on la laissât seule. Tous les domestiques se retirerent. Clorante, qui étoit alors âgé de quinze ans, se sentit penetré de la mort de son pere: une sagesse avancée le rendoit capable des reflexions les plus serieuses. Il s'enferma dans une chambre, pour y lire la lettre de son pere; il l'ouvrit, & il lut ces mots.

Quoique vous soyez encore bien jeune, mon fils, la noble éducation qu'une mere prudente vous aura sans doute donnée me fait croire que vous êtes en état de sentir ce que je vais vous dire. Je serois trop heureux, si je vous avois vû ; je me flate que je n'aurois remarqué rien en vous que d'estimable. Je regrette la perte du plaisir que j'aurois eu en vous voyant tel que je viens de dire. Me tromperois-je, mon fils ? Non, je ne le puis croire : vous justifierez mes regrets par une vertu constante ; vous éprouverez, mon fils, qu'elle suffit pour rendre heureux. La recompense qu'on en tire est in-

DE ***
dépendante des hommes. Je meurs trahi, persecuté, & je meurs content de moy, moins à plaindre que mes ennemis. Je meurs tranquile, & sans les remords qui troublent le bonheur des méchans; & qui les livrent au desespoir quand ils sortent de la vie. J'expire, & l'état où je je suis doit vous rendre ma lettre plus sensible. C'est un pere qui vous aime, qui croit que vous le meritez, & qui... La plume me tombe de la main. Que je vous aime! Adieu.
Que je suis malheureux!

s'écria Clorante aprés la lecture de cette lettre. Non, non, mon pere, dit-il, vous n'aurez point regretté une vertu imaginaire, & je jure de vous imiter. A peine eut-il prononcé ces mots, qu'on vint lui dire que sa mere étoit tombée dans une grande foiblesse. O Dieux! dit-il, qu'ai-je fait pour meriter de tels malheurs? Il courut, & vint dans la chambre de sa mere, qui lui tendant la main en le voyant, n'eut pas la force de lui parler. Clorante arrosa cette main de larmes; il la baisoit mille fois : sa mere, en lui serrant la sienne, lui témoignoit, malgré son peu de forces, combien elle étoit charmée de sa tendresse. Ce spectacle émut ceux qui étoient presens; on n'entendoit dans la chambre que soûpirs entrecoupez. L'alarme cessa cependant, la mere de Clorante se trouva mieux : mais leur joye dura peu. Deux jours aprés, une seconde foiblesse la reprit ; elle sentit qu'elle alloit mourir. Son fils alors étoit auprés d'elle, il la tenoit serrée entre ses bras. Vos chagrins, lui disoit-il, vous arrachent à la vie ; vous vous y êtes livrée sans ménagement ; vous n'avez point craint de me laisser à moy-même. Que vais-je devenir sans vous ? La mort de mon pere vous a-t-elle fait oublier que vous aviez un fils ? Vivez, Madame, vivez, regardez les dangers où va m'exposer mon âge. Ne vous suis-je donc plus cher ? Cette mere mourante ne répondoit à son fils que par des regards, qui sembloient l'assurer qu'elle plaignoit son sort, & qu'elle eût souhaité pour lui seul de prolonger sa vie. On eût dit, à voir ses yeux, qu'elle combattoit la mort, & qu'elle s'en défendoit par un excés de tendresse pour son fils ; on jugeoit des efforts qu'elle faisoit pour lui parler encore. D'une voix expirante enfin elle prononça ces dernieres paroles : Si l'amour rendoit à la vie, croyez, mon fils, que vous n'auriez pas le chagrin de voir sitôt finir la mienne. La mort de vôtre pere m'a saisie. Le mal est fait, adieu, mon fils. Que ne puis je arrêter mon ame ? O Dieux!

je ne le verrai plus.; condui-
fez fes pas. Cher Clorante,
j'expire. Clorante ne pouvoit plus parler ; il avoit la
tête panchée fur fa mere,
il la regardoit avec des yeux
d'envie pour l'état où elle fe
trouvoit, il excitoit fa douleur, il cherchoit à expirer
avec elle. Il lui vit rendre le
dernier foûpir. En mourant
elle laiffa tomber une de fes
mains fur lui ; il fit un cri effrayant, & il s'évanoüit. Les
domeftiques l'emporterent
dans une autre chambre ;
on le fecourut, & il revint
à lui. A quel fort fuis-je donc

destiné, s'écrioit-il? un double coup me ravit mon pere & ma mere : l'un expire dans l'horreur d'un cachot, le defefpoir finit les jours de l'autre. Juftes Dieux! qui me privez de tous les deux, du moins infpirez-moy le courage dont j'ai befoin pour refifter à mes malheurs. Ce jeune homme, aprés la mort de fa mere, recompenfa tous les domeftiques; il retint celui qui avoit fervi fon pere, & quelques autres, & paffa trois années encore dans le même château. Il fembloit avoir oublié le commerce des hommes ; il lui restoit toûjours une sombre tristesse qui lui faisoit aimer la solitude ; il s'occupoit le plus souvent à la chasse : mais il y alloit seul, pour se livrer avec plus de liberté à sa melancolie. Un jour qu'il regardoit le portrait de son pere, qu'il portoit sur lui, sa douleur se réveilla : Que fais-je ici, dit-il, à languir dans un honteux repos ? Allons à Londres le vanger, ses ennemis y sont encore : doit-on laisser les perfides impunis ? Depuis ce moment il prit la resolution de partir, &

& prepara tout pour son voyage : il confia le soin de ses affaires à celui qui avoit accompagné son pere, & partit seul. Il étoit en chemin depuis deux jours, quand traversant un bois, il se vit tout d'un coup attaqué par trois hommes. C'est une épreuve de valeur bien triste : mais un homme né noble & courageux n'en connoît point qui l'épouvante. Clorante se défendit avec le courage & la prudence d'un homme fait au danger. Il avoit déja renversé un de ses ennemis :

mais il perdoit lui-même tant de sang, qu'il alloit être la victime des deux autres, si quatre cavaliers, qui escortoient une chaise, n'étoient venus à son secours. Alors ses assassins chercherent leur salut dans la fuite, & l'on ne put les joindre. A peine Clorante pouvoit-il se soûtenir sur son cheval. Sa jeunesse, un certain air charmant frapa la personne qui étoit dans la chaise. C'étoit une jeune Dame, qu'escortoient ses gens à cheval. Une tendre compassion s'empara de son ame : elle ne put voir

couler le sang de Clorante sans fremir ; elle s'apperçut de sa foiblesse, & elle ordonna qu'on le mît dans la chaise. Clorante d'une voix basse lui témoigna sa reconnoissance : mais il le fit avec grace, & d'une maniere interessante. On se hâta d'arriver chez la Dame, dont le château étoit dans un bourg renommé par des eaux minerales qui y attiroient un grand nombre de personnes ; & le temps où Clorante y arriva étoit justement la saison où l'on y venoit. Dés qu'on fut au château, on
F ij

mit Clorante au lit ; la Dame envoya chercher des Chirurgiens, qui mirent le premier appareil à ses blessures. Elles n'étoient pas dangereuses. On le laissa reposer, & le lendemain la Dame, que j'appellerai Clarice, vint le voir. Clarice n'avoit que vingt ans : à l'âge de dix-huit ans elle étoit restée veuve d'un Seigneur qui lui avoit laissé de grands biens. Elle étoit belle, d'un air grand & majestueux; un certain caractere de douceur donnoit de l'agrément à tout ce qu'elle disoit. Clorante lui avoit plû; elle avoit senti, en le voyant, une tendre émotion que jusqu'ici personne ne lui avoit causée. Clorante de son côté, malgré sa foiblesse, n'avoit pas laissé de remarquer combien elle étoit aimable. Il étoit charmé de la maniere genereuse dont elle l'avoit secouru. Dés qu'il l'apperçut : Je vous dois la vie, lui dit-il, Madame, & vous avez joint tant de generosité à l'action que vous avez faite, qu'une reconnoissance éternelle suffit à peine pour la payer. C'est au hazard, dit-elle, à qui je dois le plaisir de vous avoir sauvé la vie; & si vous m'avez de l'obligation, ce n'est point d'une action que l'honneur en pareil cas engage à faire. J'accepte vôtre reconnoissance, Seigneur: mais ne la donnez qu'à l'interêt pressant que je prens à vos jours; soyez-y sensible, je ne vous le défendrai jamais. Elle rougit, & baissa les yeux aprés ces mots. Clorante, qui la regardoit, s'en apperçut; sa reconnoissance en devint plus vive. Devoir tout à une belle personne, recevoir des marques obligeantes de ses bontez, est une situation bien touchante pour un jeune homme élevé dans des sentimens nobles & vertueux. J'ignore, dit-il à Clarice, lequel des deux me touche le plus, ou du service que vous m'avez rendu, ou de l'interêt que vous prenez à ma vie : mais je sens, Madame, que mon cœur se livre avec plaisir à la reconnoissance qu'il vous doit. Le ton de sa voix, ses regards, tout prouvoit que Clorante étoit veritablement penetré de ce qu'il disoit. Clarice, qui commençoit à l'aimer avec tendresse, parut charmée de sa réponse. Adieu, Seigneur, dit-elle, songez à vôtre guerison, & soyez persuadé que je ne negligerai rien pour l'avancer. Elle sortit alors, & laissa Clorante à des reflexions les plus favorables pour elle : Que de bontez, disoit-il en lui même ! qu'elle est aimable ! que je serois ingrat, si je n'étois sensible à ses manieres autant que je le puis être ! Il est mille occasions où la reconnoissance ressemble à l'amour. Clorante

rante avoit trop peu d'usage pour en démêler la difference; il crut qu'il aimoit Clarice. Mais, disoit-il, si cette belle personne me demandoit mon cœur, pourrois-je lui refuser ? Je lui dois tout: la vertu ne défend point d'aimer, quand on n'aime que pour n'être point ingrat. J'irai à Londres, j'y ferai mon devoir, & je reviendrai à Clarice. C'étoit là le langage d'un homme reconnoissant & sans experience. Quelques jours aprés il se leva. Clarice s'enflâmoit toûjours davantage; elle ne lui cacha plus son amour. Clorante, toûjours trompé par sa reconnoissance, y répondit, ou crut y répondre. Clarice lui apprit qu'elle étoit veuve, & maîtresse de son sort. De son côté il lui raconta son histoire, & le dessein qu'il avoit d'aller à Londres: mais il lui cacha ses veritables intentions, & supposa, de peur de l'effrayer, des affaires concernant des biens. Le hazard voulut en même tems que Clarice se trouva dans la necessité d'aller dans une ville hors de France du côté d'Angleterre, pour une succession que la mort d'un de ses parens lui laissoit. Nous partirons, dit-elle, ensemble quand vous serez entierement gueri, & vous me reviendrez trouver dans cette ville quand vous aurez terminé vos affaires. Dés ce jour Clarice prit des mesures pour leur voyage. Clorante se rétablissoit, & croyoit de bonne foy qu'il aimoit. Un matin, qu'il s'éveilla plûtôt qu'à l'ordinaire, il sortit de sa chambre, pour aller se promener sur une terrasse du château : à peine y fut-il, qu'il entendit ouvrir une fenêtre d'une grande maison qui faisoit face au château. Il regarda, & vit paroître une femme d'une beauté parfaite : elle avoit les yeux languissans, l'air un peu abattu, mais sa langueur ne lui donnoit encore que plus de charmes; elle laissoit voir un bras d'une blancheur à éblouïr. Clorante, surpris de tant de beautez, s'arrêta pour la regarder avec plus d'attention; il ressentoit, en la voyant, un plaisir qui l'entraînoit insensiblement. Cette belle personne de son côté fixoit ses yeux sur Dorante:

mais ses yeux avoient moins de part à sa curiosité que son cœur. Elle vouloit quitter la fenêtre, un appas doux & invincible l'arrêtoit toûjours. Dorante revint de sa surprise ; l'embarras étoit marqué dans son geste. Cette Dame enfin quitta la fenêtre, en regardant tristement Clorante. Ce jeune homme soûpira, sans sçavoir pourquoy, & retourna dans sa chambre. Depuis ce moment l'image de cette belle personne resta gravée dans son cœur. Cette tranquilité, qu'il trouvoit auprés de Clarice, l'abandonna; il voyoit toûjours ces traits charmans qui l'avoient frapé, il se plaignoit en lui-même. Tous les matins il retournoit à l'endroit où il avoit vû cette inconnuë: mais il ne la vit plus. Mille fois il fut tenté d'aller la chercher dans la maison où elle étoit, & le souvenir de ce qu'il devoit à Clarice le retenoit; l'amour qu'il avoit crû sentir pour elle s'étoit évanoüi, il ne lui restoit plus qu'une reconnoissance, qu'il étoit prêt de trahir à chaque instant. Clarice s'ap-

perçut d'un peu de changement, elle l'attribua à l'impatience qu'il avoit de partir. Ils prirent jour, & se mirent en chemin. La seconde
journée de leur voyage Clorante & Clarice se promc-
nant aprés soupé dans un
jardin, ils apperçurent dans
un autre, joint au leur, une
Dame avec un cavalier. La
Dame étoit assise, & sem-
bloit, en détournant la tête, repousser de la main le
cavalier, qui étoit à ses genoux, & qui lui parloit avec
beaucoup d'action. Cette
Dame étoit celle que Clo-

rante avoit apperçûë à la fenêtre. Elle vit ce jeune homme, ils se reconnurent ; ils paroissoient tous deux frapez d'étonnement. Cette inconnuë oublie le cavalier, qui lui-même attentif aux regards qu'elle jette sur Clorante, cherche à démêler dans ses yeux ce qui cause son attention à le regarder ; pendant que Clarice à son tour, arrêtée par un mouvement secret de jalousie, examine l'action de Clorante, & n'a pas la force de lui parler. Cependant le cavalier se leve, il prend la Dame par le bras, l'emmene brusquement, & sort du jardin avec elle. Elle le suit d'un pas languissant ; il semble qu'elle quitte ce jardin avec peine, & qu'on l'en arrache malgré elle. Déja Clorante ne la voit plus, il en marque son chagrin par un soûpir qui lui échape ; & voyant en même tems Clarice auprés de lui, il est honteux de s'être trahi lui-même. A peine ose-t-il lever les yeux; il veut parler, son discours est sans suite. Clarice voit le desordre où il est, elle ressent un depit qu'elle cache à peine :

Sortons d'ici, lui dit-elle, & quittons des lieux dont la vûë ne fait qu'augmenter le trouble où vous êtes. Il n'eſt point à craindre, dit-il en revenant à lui ; la ſituation de ces deux perſonnes m'a ſurpris , & le trouble que vous dites eſt l'effet d'un ſimple étonnement. Non, non, dit-elle, ſortons ; j'en juge mieux que vous, vous avez changé de couleur, craignez les fuites d'un étonnement où vous ſeriez encore ſi l'inconnuë n'avoit diſparu. Il voulut répondre : mais la honte d'une inſidelité presque prouvée, & la crainte d'un plus long éclaircissement l'en empêcherent. Il la quitta, pour se retirer dans sa chambre. Ce n'étoit plus, comme auparavant, ces delicatesses de vertu, ce souvenir scrupuleux de ce qu'il devoit à Clarice, ces craintes de devenir ingrat; cette nouvelle avanture le rend insensible à tout, il reflechit cependant sur ce qu'il va faire. Les bontez de Clarice ne me touchent donc plus? que je serai coupable, dit-il ! Mais ces regrets que sa bouche prononce ne paffent pas jufqu'au cœur, ce n'eft pas le fentiment, c'eft un refte d'habitude à la vertu qui les dicte. C'eft vous, chere inconnuë, qui me rendez perfide, dit-il, je n'en ferai peut-être que trop puni ; celui qui étoit avec vous eft fans doute mon rival. Il fe leve aprés ces mots : Mais que fais-je ici, s'écrie-t-il ? allons la chercher ; peut-être la trouverai encore, je lui parlerai, elle verra mon amour, je fçaurai quel eft ce cavalier. Il defcend aprés, il demande à qui appartient le jardin où il l'a vûë; il apprend qu'il est à un cabaretier voisin: un doux espoir alors renait dans son cœur, il entre sans sçavoir ce qu'il va faire dans cette autre maison, il s'informe de celle qu'il cherche, il en fait un portrait charmant, on la reconnoît. Celle dont vous parlez vient de partir avec un cavalier, lui dit-on; nous ne connoissons ni l'un ni l'autre, & nous ne sçavons ce qui les oblige à s'en aller si brusquement. Clorante pâlit à cette nouvelle, il est long-tems sans répondre, sa douleur ne s'exprime d'abord que par des soûpirs. Elle est partie, c'en est fait, & je la perds pour jamais. Mais de quel côté sont-ils ? dit-il d'un air troublé. On lui marque alors le chemin qu'ils ont pris. Il sort, & retourne dans sa chambre ; là il s'abandonne pour quelques momens à tout ce que le chagrin a de plus terrible. Où êtes-vous, dit-il, belle inconnuë ? êtes-vous charmée du rival odieux qui vous emmene ? J'ai vû vos yeux s'arrêter sur moy, que pensiez-vous alors ?

Mais de quoy me sert ici de m'égarer dans ma douleur ? elle est partie, suivons-la, le hazard peut me la remontrer encore. Il sort aussitôt dans le dessein de partir lui-même ; & traversant une galerie, il rencontre Clarice, qui, soûtenuë de sa femme de chambre, s'y promenoit d'un pas languissant. Penetrée du chagrin que lui causoit la situation où elle avoit vû Clorante, & n'ayant pû trouver le repos, elle étoit allée dans cette galerie pour s'entretenir avec sa femme de chambre. L'agiration de son cœur donnoit alors à ses beaux yeux un air de langueur si touchant; sa démarche marquoit un abattement si grand, que dans ces momens elle eût inspiré la pitié la plus tendre au cœur le plus insensible. Clorante en la voyant recula. Le peril le plus pressant lui eût paru moins funeste que la rencontre de Clarice; il la regarda comme un obstacle à son dessein : cependant un reste de prudence lui fit cacher ses mouvemens sous les dehors les plus tranquiles. Inutile précaution;

caution ; peut-on tromper les yeux d'une amante jalouse ? rien échape-t-il à l'amour ? Sous sa feinte tranquilité Clarice, en le regardant, découvrit son trouble, & jugea qu'il meditoit un dessein. Quelles alarmes lui donna cette pensée ! elle en oublia son depit, & cette sage retenuë que le sexe conserve dans les momens les plus dangereux pour le cœur. Quand on craint de perdre ce qu'on aime, l'interêt le plus pressant alors n'est pas de suivre son ressentiment. Où courez-vous, lui dit-elle ? vous me paroiſſez émû, nous quittez-vous ? Il rougit à ce mot, ſa rougeur le trahit, & confirma Clarice dans ſa penſée.

J'ignore, Madame, ſi vous me ſçaurez bon gré de rapporter ici tout ce que l'amour fit dire à Clarice; peut-être aurez-vous honte de ſa foibleſſe. Inacceſſible aux plus legeres impreſſions de tendreſſe, vous condamnerez ſans doute un cœur qui va ſe livrer ſans reſerve à la ſienne : mais croyez, Madame, qu'il ne faut qu'un peu d'experience pour engager à plaindre Clarice. Croyez que l'amour au desespoir dans l'ame la plus sage ne ménage ni fierté ni prudence, & que le sexe n'a pour tout privilege sur les hommes, que l'avantage d'inspirer plus de pitié dans son chagrin, & d'interesser plus que nous.

Qu'il me soit donc permis de vous montrer ici Clarice dans toute sa douleur. Clorante rougit quand elle demanda s'il la quittoit. En amour le moindre mouvement instruit mieux que la raison la plus positive. En vain. Clorante voulut éluder la demande; incertain, embarassé dans son discours, troublé de la perfidie qu'il alloit marquer par son départ, il se défendit si mal, qu'elle ne douta plus qu'il ne voulût la quitter. Il n'est plus tems de feindre, vous êtes un ingrat, dit elle; vous sçavez que je vous aime, je ne veux point m'en défendre. Pourquoy m'avez-vous trompée ? pourquoy m'offrir un cœur que vous n'aviez point envie de me laisser? car enfin puis je me persuader que vous m'aimiez de bonne foy, puis qu'un moment a suffi pour changer vôtre amour en insensibilité pour moy ? Quelle étrange tendresse qu'un seul instant détruit ! un cœur veritablement touché peut-il se laisser charmer par un autre ? Que trouverez-vous dans cette inconnuë que je ne puisse vous offrir ? Ses charmes sont-ils plus puissans que les miens ? Vous ne respiriez qu'amour pour les miens. Preferez-vous son cœur au mien? Je vous l'avois abandonné. Vous paroît-il si peu precieux, que vous le quittiez pour un cœur qu'on peut vous refuser, & qui n'est peut-être plus à celle à qui vous le demanderez ? Sont-ce les biens qui vous touchent ? j'en avois assez & pour vous & pour moy. Je suis jeune, & je dirois aimable, si vôtre ingratitude vous laissoit encore assez de justice pour le voir. Pendant que Clarice donnoit un libre cours à ses plaintes, Clorante, les yeux baissez, ne répondoit pas un seul mot; il voit son infidelité, il en conçoit toute l'injustice : mais il ne s'en repent pas.

Toute ma tendresse est donc inutile, continua Clarice? il ne me sert de rien d'en faire l'aveu sans ménagement; ne m'en restera-t-il que la honte de vous la montrer toute entiere? Répondez, Clorante: j'ai crû que vous me quittiez, desabusez-moy si vous restez; peut-être le tems fera-t-il plus en ma faveur, qu'un emportement que vous causez, & que je n'ai connu qu'avec vous. Parlez, Clorante, quel est vôtre dessein? ne me le déguisez pas. Hé bien, Madame, il faut tout avoüer, dit Clo-

rante d'une voix baſſe & mal
aſſurée; tout perfide que je
vous parois, je ne vous trom-
perai pas, je ne ſuis point né
fourbe; quand je vous ai of-
fert mon cœur, je vous l'of-
frois de bonne foy, le dé-
guiſement n'y eut aucune
part. Que ne puis-je vous
aimer encore? Mais une invincible ſympatie m'entraîne ailleurs ; malgré les efforts que je fais pour vous
dans mon cœur, les traits
de l'inconnuë m'ont frapé,
je ne puis guerir : ce n'eſt
point une injuſte preference
qui m'oblige à l'aimer, ma
paſ-

passion n'est pas un caprice, je n'en suis pas le maître. Ne dites plus que je ne vous trouve pas aimable, l'inconnuë l'est peut-être moins que vous; tant d'amour que vous me témoignez, tant de charmes ne vous rendroient à mes yeux que trop adorable, si j'étois libre d'en croire mes yeux. Je perds en vous quittant un bonheur assuré, pour me livrer au sort sans doute le plus malheureux. Oubliez, Madame, oubliez de vôtre côté un ingrat qui n'est plus digne d'être aimé ; ne vous ressouvenez de moy que pour me plaindre : je cours à ma perte, j'y veux courir, & je ne puis m'empêcher de le vouloir. Adieu, Madame, vôtre douleur est un spectacle que ne merite point de voir un perfide.

La resolution de Clorante avoit si fort saisi Clarice, qu'elle n'eut pas la force de lui répondre : mais quand elle vit qu'il alloit la quitter impitoyablement, se laissant alors tomber entre les bras de sa femme de chambre, partez, lui dit-elle d'une voix expirante, vous serez content ; je vous oublirai, mais il m'en coûtera la vie. A peine eut-elle achevé ce dernier mot, qu'elle s'évanoüit.

Quel aspect pour un amant! cause unique de tant de maux. Clorante en fut troublé ; il soûpira d'avoir reduit Clarice dans un si triste état , & s'éloignant d'un lieu qui luï reprochoit sa dureté, il prit des chevaux, & partit pour aller chercher son inconnuë.

Laissons-le maintenant, pendant qu'il court au hazard à la recherche de ce qu'il aime, & retournons à Clarice. Sa femme de chambre, qui aura nom Philine, appella du monde à son secours, pour la rapporter dans sa chambre. Les remedes & les mouvemens qu'on lui donna pour la deshabiller la firent revenir. Où suis-je, dit-elle ? quels soins cruels me rappellent à la vie ? Laisse-moy, Philine, elle m'est odieuse, je veux mourir. Elle n'en dit pas davantage : ces tristes paroles furent suivies de mille soûpirs. Insensible aux empressemens qu'on avoit à la secourir, indifferente pour tout ce qui pouvoit la soulager, elle ne resista point à prendre les remedes qu'on lui presenta. On la mit au lit, & tout le monde sortit, à l'exception de Philine. Clarice abattuë sous le poids de sa douleur, demeura long-tems dans un profond silence, que de longs & confus gemissemens interrompoient par intervale. Ce funeste degré de desespoir auroit sans doute fini sa vie, si les pleurs qu'elle répandit aprés n'en avoient calmé la violence. Dans quel état me laissez-vous, Clorante, dit-elle en versant un torrent de larmes ? que n'êtes-vous encore témoin de mes maux ? L'ingratitude ne dure pas toûjours, & j'aurois quelque esperance de vous attendrir. Prenez, Madame, un peu de repos, lui dit Philine, ces reflexions entretiennent vôtre chagrin, ne cherchez point à l'irriter : le peu d'apparence que Clorante retrouve son inconnuë, le moindre retour de tendresse, un moment enfin peut le ramener à vous. Il vous a vû mourante, esperez tout.

Je ne vous dis pas de vaincre vôtre amour, il vous est impossible de le faire encore: mais enfin efforcez-vous de surmonter vos ennuis, le tems met fin au malheur le plus grand. Le mien durera toûjours, répondit Clarice d'une indifference outrée, on ne revient point à l'amour; & quand il se ressouviendroit de moy, que peut sur un cœur un impuissant & foible souvenir, quand la vûë de l'objet mourant n'a point été capable de le toucher? Vous êtes ingenieuse à vous tourmenter vous-même, répondit Philine; dans une douleur recente on aime à se persuader qu'elle ne finira jamais, on craint de se rendre aux raisons qui tendent à l'adoucir. Mais, Madame, si je ne reüssis point à diminuer vos peines, ne les rendez pas du moins plus cruelles qu'elles sont. Cesse, ma chere Philine, un inutile discours, répondit Clarice; je louë ton zele : mais je ne puis en profiter. Ecoute, pendant que tu parlois j'ai pris une resolution, elle est surprenante, & peut-être insensée : mais n'importe, ne la combats point, tes conseils seroient vains, je n'ai plus la raison pour guide, & rien ne me dissuaderoit d'executer ce que je vais te dire. Clorante est parti, il suit son inconnuë, je vais le suivre à mon tour. O Ciel! s'écria Philine, quel dessein! que meditez-vous, Madame... Arrête, dit Clarice; je t'ai déja averti que rien ne m'en peut détourner : mais écoute-moy jusqu'à la fin, & ne m'interromps plus. Je veux donc le suivre. Je sçai tous les dangers où va m'exposer une pareille entreprise : mais je n'ai plus de ressource qu'en le cherchant, & je tomberois dans le desespoir, si je la negligeois par un ménagement pour l'honneur que je respecte, mais dont je ne suis plus en état de suivre en tout les severes loix. Tu vois que je me condamne la premiere, pour t'obliger à ne point répondre. Mon dessein est de me déguiser de maniere, qu'en changeant mon sexe, je puisse sûrement échaper à la curiosité de ceux qui me regarderont. L'habit d'Armenien m'a paru le plus convenable : il faut donc dés à present que tu tâches de m'en avoir un. Il n'est point encore tard, fors, informe-toy dans cette ville, enfin n'oublie rien pour que je l'aye bientôt. Tu sçais où est mon argent, prends-en autant que tu voudras, & songe que de tous les services que tu pourrois me rendre, il n'en est point où ton zele me fasse plus de plaisir. Ne tarde pas un moment, va, cours, & attens de moy une recompense telle que tu la voudras. Ha, Madame, dit

Philine, y songez-vous? remettez jusqu'à demain : vôtre resolution est un effet du desespoir, vous en serez effrayée vous-même. Je le veux, te dis-je, repartit Clarice; hâte-toy, ou je me leve pour y aller moy-même. Philine fondoit en larmes: elle sortit, voyant qu'elle ne pouvoit rien gagner sur l'esprit de sa maîtresse; elle alla chez un marchand, dont la boutique étoit prés de là; on lui indiqua un homme qui pourroit lui trouver ce qu'elle souhaitoit. Elle se rendit chez lui, il lui dit qu'il avoit dans un magasin toutes sortes d'habits. Ils y monterent, elle en choisit un qui lui parut propre pour sa maîtresse, & le paya ce que l'homme voulut. Elle revint dans la chambre de Clarice, qui l'attendant avec impatience, s'étoit déja levée, malgré la foiblesse que lui laissoit encore son évanoüissement. Dés qu'elle apperçut Philine : M'apporte-tu ce que je te demande, dit-elle ? Oui, Madame, voici l'habit, répondit-elle en pleurant, il a falu vous obeïr ; & dans quelque danger que vous precipite le parti que vous prenez, si mes conseils ne vous arrêtent pas, j'aurai du moins la consolation de vous suivre. Non, dit Clarice, je ne veux point que tu m'accompagnes; & bien loin de l'exiger de ton amitié, je t'ordonne de me quitter. Mais habille-moy, pendant que je vais t'instruire de ce que tu dois faire. Hé quoy, Madame, dit Philine, voulez-vous vous exposer à la nuit? Son horreur n'a rien qui m'étonne, dit-elle, & ses tenebres déroberont ma honte. Pour toy, Philine, tu resteras ici jusqu'à demain ; & quand tu seras arrivée dans la ville où nous allions, dis qu'une maladie imprévûë m'a obligée de revenir chez moy, & que je t'envoye pour recüeillir la succession, que je te donne. Prends ma cassette, les papiers & les lettres qui y sont te serviront à justifier ce que tu diras. Retourne aprés chez moy, regle mes affaires, je t'en laisse le soin : en quelque endroit que me conduise le hazard, sois assurée de recevoir de mes nouvelles, songe à moy quelquefois, & déplore les malheurs où me jette un penchant fatal. La maniere ferme avec laquelle parloit Clarice ne témoignoit que trop combien elle étoit resoluë. Elle étoit déja habillée: Adieu, dit-elle en embraffant tendrement Philine. Ne defcens point avec moy, on pourroit me reconnoître. Aprés ces mots elle quitta fa femme de chambre, qui, dans le faififfement où elle étoit, n'eut pas la force de prononcer un feul mot. Clarice, à qui fa refolution prêtoit plus de hardieffe que n'en n'en a le sexe ordinairement, se fit seller un cheval, & partit dans la nuit la plus obscure, aprés s'être informée du chemin qu'avoit pris Clorante.

A quoy n'engage pas l'amour, quand il s'est rendu maître d'un cœur? Ne direz-vous pas ici, Madame, que ceux qui s'y livrent sont bien dignes de pitié? A quelles extremitez ne porte-t-il pas une ame? Sacrifier sa reputation, s'abandonner en aveugle aux plus funestes hazards, renverser l'ordre de la nature par de monstrueuses metamorphoses, par une intrepidité surprenante ; voilà les fureurs qu'il inspire. Mais, Madame, cet amour que vous condamnez, ce Dieu que vous proscrivez, a ses victimes, contre lesquelles il exerce toute sa malice ; il aime à se joüer des cœurs qu'il choisit pour objet de ses coups ; il se plaît quelquefois à effrayer : mais il est presque toûjours plus aimable qu'il n'est terrible. Pour quelques malheureux qu'il ne persecute que pour répandre plus de douceur sur les jours de ceux qu'il favorise, faut-il le fuir ? faut-il se mettre en garde contre un vainqueur dont les chaînes ne sont qu'un tissu de plaisirs, & qui nous laissent joüir du fruit de sa victoire? Ce Dieu si charmant vous paroît cependant un monstre : peut-être un jour lui ferez vous grace ; peut-être, forcée à la reconnoissance par le nombre des cœurs qu'il vous soûmettra, cesserez-vous, en lui cedant avec sagesse, de le traiter comme un ennemi. Si jamais ce changement arrive, fasse le Dieu d'amour que vôtre choix tombe sur l'amant le plus tendre.

Clarice fut bientôt hors de la ville; elle suivit la route qu'elle crut la plus frequentée. Quelle situation pour une femme, que d'être seule en pleine campagne, dans un tems où les horreurs du silence & de la nuit doivent la remplir d'effroy au moindre objet bigearre que forment les ombres. Elle avoit déja marché plus de quatre heures, quand s'arrêtant pour se délasser, au bord d'une forêt qu'elle avoit traversée, elle entendit assez loin d'elle, sur le même rivage, un bruit confus de plusieurs voix d'hommes. C'étoit des gens qui accompagnoient Turcamene autrefois Corsaire, alors Seigneur de ces cantons, & qui revenoit avec ses domestiques d'un château voisin, où il avoit passé une partie de la nuit à se divertir. Il avoit vû de loin un cavalier entrer dans la riviere; ce cavalier sembloit avoir disparu, & Turcamene avoit fait arrêter ses gens pour le secourir, en cas qu'il en eût besoin. La frayeur avoit pris Clarice, qui les avoit entendu parler. Quelque passion qui fasse agir les femmes, la nature les fit timides; elle est toûjours la plus forte. Clarice commençoit donc à s'éloigner: mais elle apperçut, à la faveur de la lune, un cheval qui nageoit, & prés de lui un homme qui, malgré ses efforts, alloit perir. Ceux qu'elle avoit entendus accoururent, elle approcha: mais, ô Dieux! que devint-elle; quand examinant de plus prés cet inconnu qui perissoit, elle reconnut les traits de Clorante. Un cerf que poursuit le chasseur s'élance dans les eaux qu'il rencontre avec moins de vitesse, que n'en eut Clarice à se jetter dans la riviere pour secourir son amant qui perit. Elle est déja dans les eaux: l'amour pour quelques momens lui tient lieu d'adresse & de force. Elle combat, elle succombe enfin, déja elle enfonce; même malheur menace & Clarice & Clorante. Une funeste mort alloit terminer leurs jours, si deux de ces hommes, qui étoient accourus, ne s'étoient eux-mêmes expofez pour les tirer hors de l'eau. Ils font fans connoiffance, étendus fur le rivage : on leur ôte leurs habits, on les fufpend aprés, pour leur faire rendre l'eau qu'ils ont bûé. Celui qui deshabilla Clarice vit avec étonnement que c'étoit une femme ; il en avertit fes compagnons, qui la montrerent à Turcamene. Ce vieux Corfaire, en la regardant, parut charmé de la beauté de Clarice. La curiofité de fçavoir les raifons qui caufoient fon déguifement, le plaifir de fe

rendre

rendre maître d'une aussi belle personne, lui firent prendre le parti de la faire porter chez lui, pendant qu'elle ne se reconnoissoit pas encore. Clorante, qui avoit besoin d'un secours plus promt, fut porté dans une maison qui appartenoit à un des amis de Turcamene. Cet ami, sans jetter les yeux sur Clorante, ordonna qu'on le mît au lit, pendant que le Corsaire se hâta d'arriver chez lui avec Clarice. Laissons-la quelque tems, & voyons ce qui dans les suites arriva à Clorante.

Les soins qu'on prit de lui le firent revenir : on lui dit comment il avoit été sauvé, il en témoigna sa reconnoissance, & quatre jours se passerent sans qu'il eût la force de se lever. Cet ami de Turcamene, chez qui on l'avoit transporté, étoit le même cavalier que Clorante en chemin avoit vû dans le jardin avec la belle inconnuë, que j'appellerai Califte. Periandre (c'est ainsi qu'aura nom le cavalier) faisoit dans ces lieux sa demeure ordinaire. Clarice & Clorante l'avoient rencontré dans le jardin, à l'occasion d'un voyage qu'il avoit été obligé de faire pour ramener Caliste d'un endroit où elle avoit pris les eaux.

Vous serez sans doute en peine de sçavoir, Madame, quels étoient Caliste & Periandre: mais la suite naturelle de l'histoire vous l'apprendra. Il suffit maintenant de vous dire que Caliste étoit au pouvoir de Periandre; qu'il en étoit comme le tyran, parce qu'elle ne vouloit l'épouser que du consentement de son pere, dont on ignoroit le sort.

L'obstacle qu'elle apportoit aux desirs de son persecuteur lui faisoit souffrir de sa part la contrainte la plus cruelle ; il n'étoit rien qu'il n'imaginât pour la forcer à consentir à ce qu'il exigeoit d'elle. Deux hommes aussi barbares que lui étoient gagez pour veiller à la moindre de ses actions ; souvent même à la maison où ils étoient il l'enfermoit dans un cabinet fait exprés , & qui ne recevoit le jour que par une fente : il l'en retiroit aprés , en lui demandant pardon de sa violence ; de forte qu'il passoit successivement des transports les plus violens à la soûmission la plus passionnée. Le soir même qu'il étoit arrivé des eaux avec elle, outré des regards qu'elle avoit jettez dans le jardin sur Clorante, il lui avoit fait des reproches, & Caliste y avoit répondu avec tant de mépris, que dans sa rage il avoit ordonné qu'on l'enfermât dans sa prison ordinaire. Le quatriéme jour, que Clorante encore au lit commençoit à se mieux porter, ce tyran avoit rendu la liberté à Caliste, & étoit allé se promener à la chasse. On avertit Caliste qu'il y avoit un inconnu qu'on avoit sauvé des eaux, & les circonstances qu'on y ajoûta lui donnerent l'envie d'apprendre ses avantures. Elle entra dans sa chambre, suivie d'un de ses satellites, qui avertit Clorante de son arrivée. Elle s'assit auprés de son lit; les rideaux en étoient tirez, Caliste ne voulut point qu'on les ouvrît. Clorante, que sa foiblesse empêchoit de se lever, la remercia de l'honneur que lui faisoit sa visite. Califte répondit avec une douceur qui lui étoit naturelle, qu'elle venoit sçavoir comment il se portoit, & le prier, si rien ne s'y opposoit, de lui dire par quel malheur il avoit pensé à perir. Clorante, à mesure que Califte lui parloit, se sentoit touché d'un plaisir secret dont il ne pouvoit deviner la cause ; & ce sentiment interieur se joignant à la reconnoissance qu'il avoit pour la bonté de Califte, lui fit souhaiter d'avoir à raconter quelque chose qui meritât sa curiosité. Rien ne m'empêche, dit-il, de vous instruire sur ce que vous demandez de moy, Madame; le recit de mes malheurs n'est pas considerable, & quand l'aveu même en seroit dangereux, je n'hesiterois pas un moment à le faire. Je viens d'un château prés de Paris, continua-t-il, avec une Dame que je croyois sincerement aimer. Le soir, me promenant dans un jardin avec elle, le hazard nous montra dans un jardin joint au nôtre, une Dame avec un cavalier qui étoit à ses genoux; elle tourna la tête de nôtre côré, & je la reconnus pour l'avoir vûe quelques jours auparavant à une fenêtre qui faifoit face au château où je demeurois. Elle m'avoit charmé dés lors, je ne l'avois point oubliée, & je ne fus plus maître de mon cœur en la retrouvant. Dés l'inftant la Dame avec qui j'étois ne me toucha plus, je fentis que je ne l'avois jamais aimée ; & fans égard à la bonté qu'elle eut de me rappeller, je m'arrachai d'avec elle au milieu du voyage, pour courir aprés ma chere inconnuë, que le cavalier fans doute aimé avoit déja enlevée. Je partis en deſeſperé pour la ſuivre, & j'avois marché une partie de la nuit, quand traverſant une riviere je me trouvai ſi foible, que je tombai de mon cheval. La froideur de l'eau me fit cependant revenir; j'eſſayai de rattraper mon cheval: mais il s'étoit éloigné, & je me trouvai malheureuſement dans un endroit où j'enfonçois malgré tous mes efforts. Je perdis bientôt connoiſſance, & je ne ſçai plus ce que je devins. On m'a dit ici que quelques hommes ſe jetterent dans l'eau pour me secourir ; il y eut un cavalier qui, dit-on, s'exposa pour moy, & qu'il falut sauver à son tour. On ne m'a point appris où il est : mais je me tiendrois heureux, si jamais il s'offroit une occasion d'exposer aussi ma vie pour garantir la sienne. Voila, Madame, l'unique sujet de mon malheur, & si j'échape aux dangers du naufrage, en suis-je moins à plaindre, puisque mes jours ne seront desormais qu'un tissu d'ennuis & de chagrins ? J'ai perdu ma chere inconnuë ; aprés ce coup quel

plaisir peut me faire la vie?
Ses soûpirs l'arrêterent en
cet endroit. Il est difficile
d'expliquer les divers mouvemens de Caliste au recit
de Clorante, qu'elle reconnut pour celui qu'elle avoit
vû dans le jardin & de sa
fenêtre. Si Clorante dans ces
deux rencontres avoit con-
çû de la passion pour elle,
il ne l'avoit pas moins frapée, & la sympatie dans ces
momens avoit également
uni leurs deux cœurs. Ca-
liste conservoit pour lui le
souvenir le plus tendre, elle
souhaitoit de le revoir, &

gemissoit de la cruauté du hazard, qui ne lui avoit montré que pour quelques instans le seul objet qu'elle auroit aimé, & dont elle regrettoit la perte. L'idée qui lui en étoit restée lui avoit rendu son esclavage encore plus affreux, & Periandre plus odieux. Quelle agreable surprise alors! quel charme ne doit-elle pas trouver dans un évenement si éloigné de son esperance? Ce seul inconnu, si aimable pour elle, peut à present paroître à ses yeux. Que Caliste trouveroit de douceur à le surprendre, en lui montrant celle qu'il cherche avec tant d'ardeur : mais un cruel espion l'examine, elle a tout à craindre, le moindre mouvement seroit rapporté, & ce mouvement suffiroit pour faire perir ce cher inconnu, & pour la perdre elle-même. Cependant, au milieu de la joye qu'elle cache, une secrete inquietude vient y mêler quelque amertume ; elle se ressouvient que Clorante a parlé d'une Dame qu'il croyoit aimer, & qu'il aimoit peut-être : cette penfée l'alarme. Si je ne dis pas qui je suis, dit-elle, desesperant sans doute de me retrouver jamais, la certitude d'être aimé d'une autre, un caprice, tout enfin peut le faire revenir à cette personne. Que faire dans cette extremité ? Caliste, pour calmer ses alarmes, voudroit que l'inconnu l'assurât que rien ne diminuëra l'amour qu'il a pour elle: mais comment engager Clorante à la tirer d'inquietude sans se faire connoître, & sans que l'espion attentif ait sujet de rien soupçonner ? L'amour est ingenieux ; il fournit à Caliste un moyen qui lui parut sûr. Clorante, aprés avoir soûpiré de son malheur, avoit continué ses regrets, & Caliste avoit eu le tems de faire ses reflexions. Quand Clorante eut cessé de parler ; Je vous plains, lui dit-elle, il est triste de ne point attendre de fin à ses peines : mais enfin que sçavez-vous, si aprés tant d'ennuis le destin ne vous reserve pas un bonheur inesperé ? Rarement le malheur est-il éternel ; plus il est grand, plus on a lieu de croire

croire qu'il touche à son terme. Esperez de revoir vô-
tre inconnuë, ou du moins
esperez de vous dégager un
jour de vôtre passion par
une autre ; alors vous oubli-
rez vôtre inconnuë, & vous
cesserez d'être malheureux.
O Dieux ! repartit Clorante,
quoy je cesserois un jour de
l'adorer ? Non, non, Ma-
dame, elle emporte mon
cœur, & son idée m'est plus
chere que la felicité d'être
cheri de tout ce que le Ciel
formeroit aprés elle de plus
aimable ; je prefere mon
desespoir au bonheur le plus

accompli, & mon insensibilité pour ce qui pourroit adoucir mes chagrins est si grande, que je verserois mon sang, si la passion que j'ai pour elle ne m'obligeoit à respecter mes jours. Je la cherche, trop content, si je ne la vois jamais, de n'avoir vécu que pour l'aimer.

Clorante prononça ces paroles avec un emportement excité sans doute par le pouvoir secret de la presence de Caliste. Cette belle personne sentit de son côté le calme revenir dans son cœur; chaque mot versoit dans son ame un doux plaisir dont le charme lui faisoit oublier ses propres malheurs. Cependant il étoit tems qu'elle se retirât ; elle craignoit que Periandre ne vinst lui-même : l'interêt qu'elle prenoit à la vie de l'inconnu la faisoit trembler pour lui, si le moindre soupçon donnoit à son persecuteur occasion de le reconnoître. Elle avoit un dessein, dont le succés devoit la délivrer de son esclavage. Elle se leva pour s'en aller. Qu'il est difficile de quitter ce qu'on aime, sans se donner la satisfaction de le voir quand on le peut. Califte en reffentit toute la peine : mais elle refifta, par un effort ignoré des ames communes. Je vous fuis obligée, lui dit-elle, de la maniere obligeante avec laquelle vous m'avez raconté vos chagrins ; je vous exhorte à les fupporter avec moins de chagrin, un moment feul peut changer vôtre fituation : croyez que ce moment n'eft pas fi reculé que vous le penfez, & perfuadez-vous que les efperances que nous donnent les autres sont quelquefois des prédictions d'un bonheur prochain pour les malheureux.

Aprés ces mots elle quitta Clorante, sans attendre qu'il répondît. Les dernieres paroles de Caliste l'avoient émû ; & voulant la remercier, il se hâta de tirer ses rideaux : mais elle sortoit, & il ne put la voir. A peine Caliste avoit-elle quitté sa chambre, qu'elle rencontra Periandre qui alloit y entrer : elle rougit en le voyant ; Periandre attribua sa rougeur à la haine qu'elle avoit pour lui. Je suis un monstre à vos yeux, lui dit-il, rien ne peut vaincre vôtre aversion. Cessez vos reproches, répondit-elle ; ma rougeur vient d'une indisposition soudaine, j'ai besoin de repos, laissez-moy le prendre. Periandre ne lui repartit rien ; Caliste avoit parlé avec tant de marques d'abbatement, que, malgré sa cruauté ordinaire, il n'eut pas la force de l'arrêter. La vûë d'une belle personne languissante insinuë quelquefois le respect dans le cœur de l'amant le plus feroce. Caliste se voyant libre

& sans espion, s'enferma dans sa chambre, pour penser sans témoins à son inconnu, & pour mediter ce qu'elle avoit envie de faire. Sa tendresse l'occupa d'abord toute entiere : Quoy, disoit-elle, est-il possible qu'il soit ici? cette avanture est-elle un effet du hazard? ou croirai-je que le destin nous a faits l'un pour l'autre? Mais pourquoy balancer tant? Je l'avois perdu, je le regrettois, le destin me le rend ; en faut-il davantage pour m'apprendre que cet inconnu doit posseder mon cœur, & briser mes chaînes ? Oui, c'en est fait, je me livre à cet espoir ; qu'ai-je à redouter ? quels remords peuvent suivre une action qui me met à couvert de la violence ? Fuyons Periandre, peut-il se rencontrer une occasion plus favorable ? Je me confie à un amant qui m'adore : la perfidie se trouve-t-elle avec tant d'amour ? seroit-il capable d'un outrage ? Non, non, ce n'est qu'à force de soûmissions que ses pareils sçavent gagner un cœur. Cher inconnu, je ne prendrai

drai nulle précaution contre vous, vôtre amour fera ma sûreté, & le mien à son tour aura soin de la vôtre. Aprés ces reflexions Caliste écrivit une lettre à Clorante, où elle lui apprenoit qu'elle étoit celle qu'il cherchoit avec tant d'ardeur; elle lui marquoit aussi l'état où elle se trouvoit, & le dessein qu'elle avoit de fuir.

A peine eut-elle achevé sa lettre, que sa resolution la fit fremir : Que fais je, dit-elle ? à quoy m'engage-tu, cruel Periandre ? Helas ! sans l'esclavage où tu me tiens concevrois-je un dessein si peu conforme à ce que je suis ? Bienseance, devoirs sacrez pour le sexe, mes malheurs sont bien affreux, puis qu'il faut que je vous oublie. Mais de quoy me servira ma hardiesse ? comment donner ma lettre à cet inconnu ? toutes mes actions ont des témoins. Quel destin, s'écria-t-elle ! Resoluë de franchir les loix du devoir, ma situation est si terrible, qu'il ne me reste que la honte de mediter un dessein desesperé dont le succés m'est interdit. L'impossibilité que trouvoit Caliste à rendre sa lettre la faisoit presque renoncer à son entreprise, quand elle entendit fraper à sa porte. O Dieux ! s'écria-t-elle, c'est sans doute mon tyran ; quel tems le barbare choisit-il ? Mais elle s'étoit trompée ; c'étoit Clorinde, fille d'un vieux domestique de Periandre, qui venoit à son ordinaire tenir compagnie à Caliste.

Clorinde avoit de l'esprit, elle étoit née avec des sentimens au dessus de sa condition. Les malheurs de Caliste l'avoient touchée. Quelque grande que soit l'infortune, le sort n'est pas cruel en tout, il est toûjours des cœurs qui s'interessent en secret pour les malheureux. Clorinde plaignoit donc Caliste, & n'oublioit rien des soins qui pouvoient lui marquer qu'elle meritoit sa confiance. Caliste l'estimoit, & la distinguoit des autres: mais l'habitude qu'elle avoit à se contraindre avoit insensiblement accoûtumé son cœur à tant d'indifference, que malgré le zele de Clorinde, son estime pour elle n'avoit point encore paruë; cependant dans ces momens Caliste la vit avec plaisir, & cette jeune fille s'appercevant que les larmes couloient des yeux de Caliste : Vous êtes dans la douleur, lui dit-elle, Madame, je me retirerai si je vous gêne ; je suis quelquefois témoin de ce que vous souffrez, & je venois à present dans le dessein de vous tirer de la mélancolie continuelle où vous êtes plongée. Caliste fut attendrie par ce discours ; il lui parut si naturel & si obligeant, qu'elle y répondit avec plus d'ouverture de cœur qu'à l'ordinaire. Non, Clorinde, reste, lui dit-elle, tu ne me gêneras pas ; je ne te cacherai pas mes chagrins, ton amitié merite plus de confiance. Ah! Madame, répondit Clorinde, qu'il y a long-tems que j'aspire à la gagner. Vous m'avez peut-être confonduë avec ceux qui s'attirent vôtre haine. Seroit-il possible qu'aujourd'hui vous me rendiez justice? Oui, Clorinde, je te la rends, répondit Califte : mais quelle attention exigeois-tu d'une malheureuse qui voudroit pouvoir s'oublier elle-même ? Que ne puis-je finir vos peines, dit Clorinde: que je trouverois de plaisir à tarir des larmes dont vos yeux devroient ignorer l'usage: mais dans la condition où je suis, souhaiter de vous voir plus heureuse, est tout ce que je puis. Tu n'en as pas moins de generosité, dit Califte: mais cesse de me marquer tant de zele. Les malheureux abusent aisément des bontez qu'on a pour eux; crains que ma reconnoissance ne se termine pas à t'en remercier; méfie-toy d'une infortunée qui peut t'en demander des preuves. Ha! dit Clorinde, donnez-moy les moyens de vous servir; vôtre sort me fait gemir tous les jours, mes soûpirs ont tenté cent fois de changer le maître que je sers : mais chez lui la pitié ne sçauroit trouver de place, il ne la connoît pas même dans les autres. Mais, Madame, dût à mon tour m'accabler sa cruauté, parlez, Madame, où faut-il aller ? Ah! Clorinde, dit Califte en l'interrompant, es-tu bien sincere ? Par où puis-je m'attirer de pareils soupçons, dit-elle? Mais ma franchise, en vous rassurant, seroit toûjours la même; le cœur n'a pas deux manieres de s'expliquer, ou du moins le mien n'en sçait point d'autre; ainsi, Madame, je sors, &... Arrête, Clorinde, répondit Caliste, ma méfiance n'a duré qu'un instant. Il est pardonnable de douter d'un bien, quand on n'est point dans l'habitude d'en esperer. Tu m'offres tes services, je puis les accepter, & le plaisir que tu me fais est pour moy comme un songe, dont je tremble de connoître l'illusion. O Dieux ! s'écria Clorinde alors, pour qui sont les heureuses destinées, si vous en privez celle qui n'est faite que pour en donner ? Mais, Madame, vous parlez de bonheur, mes services peuvent-ils vous en procurer ? Commandez, que faut-il que je fasse ? Aussi promte à vous servir que sensible à vos peines, ni crainte, ni interêt ne m'arrêteront; hâtez-vous de vous expliquer. Hé bien, Clorinde, je me livre à toy, dit Caliste; mes maux sont à leur comble, la perfidie ne peut que les prolonger : je ne t'en soupçonne pas ; quel plaisir en me trahissant aurois-tu pour objet ? La cruauté est-elle un motif si interessant ? aurois je perdu jusqu'au triste avantage d'inspirer de la pitié ? Non, Clorinde, je vois la tienne, elle est veritable. Je t'ai fait connoître que tu peux me servir : écoute, & juge si j'ai tort. Cet étranger qu'on a sauvé des eaux m'a vûë deux fois par hazard ; j'ignore si dans l'état où m'ont mis mes maux mes traits ont quelque chose d'aimable : mais enfin il m'aime avec passion, c'est de lui-même que je le sçai, il m'a raconté ses avantures sans me connoître, j'ai vû que j'en étois le sujet. Je te l'avouërai, Clorinde, continua Caliste, si cet étranger m'aima dans l'instant qu'il me vit, de mon côté je me sentis pour lui un doux penchant. Juge de ma surprise & de ma joye quand je l'ai retrouvé. Je goûtois, en l'entendant parler, je ne sçai quoy de touchant. J'allois enfin me découvrir, & la seule crainte de faire perir ce cher inconnu m'a retenuë; je l'ai quitté, & je me suis retirée dans ma chambre. J'ai reflechi sur cette avanture, & ma situation, l'honneur, l'aversion que j'ai pour Periandre, te le dirai-je aussi ? mon cœur; tout m'a determinée de remettre à cet inconnu le soin de me tirer de mon esclavage: je lui ai écrit, & ma lettre finie, j'ai vû qu'il m'étoit impossible de lui rendre. Ce chagrin m'occupoit quand tu as frapé à ma porte; maintenant tu t'offres à me servir, il est inutile de t'en dire davantage. Consulte-toy, ma chere Clorinde, vois si tu sens la force de t'exposer pour moy. Je ne te dirai pas, pour t'animer, que le peril n'est point grand à rendre ma lettre; je meriterois tous mes malheurs, si, sans prendre d'interêt à ce qui peut t'arriver, j'allois pour me sauver te seduire. Quelques charmes qu'offre la liberté quand on la recouvre, le remords me la rendroit insupportable, si par une adroite perfidie je l'avois achetée peut-être teinte de ton sang, sans doute aux dépens de la tienne. Ainsi, ma chere Clorinde, je t'avertis que tu t'exposes; mais que sçait-on aussi si le destin n'a point attaché la fin de mon esclavage aux succés de tes soins? Les Dieux ne sont pas cruels, ils ne souffrent les tyrans que pour les confondre. Je n'examine point, dit Clorinde en l'interrompant, si l'action que je fais pour vous reüssira, ou non; je tâcherai de la conduire avec prudence, les suites ne m'en font point trembler. Ce soir même j'attendrai que tout le monde repose; & quoique ceux que Periandre commet à vôtre garde lui rendent chaque soir toutes les clefs de la maison, je sçai le moyen d'entrer dans la chambre de l'inconnu, d'autant plus sûrement, qu'il y a une ancienne clef qu'on ne sçait pas : je l'ai gardée par hazard, & elle ouvre la chambre de cet étranger. D'abord ma vûë le surprendra sans doute à ces heures; de mon côté j'aurois peine à me resoudre à l'aller trouver, sans un interêt aussi pressant que le vôtre : mais enfin

enfin je finirai bien vîte sa
surprise, en me hâtant de
lui presenter vôtre lettre.
Chere Clorinde, que ne te
dois-je pas, répondit alors
Caliste? Je n'ose, aprés un
tel service, te promettre de
recompense ; ce seroit mal
répondre à ta generosité,
que de vouloir l'animer par
un espoir mercenaire. Sans
biens, sans parens, puisque
j'ignore ce qu'ils sont deve-
nus, que pourrois je t'offrir ?
Les plus grandes richesses
payeroient mal tes bontez ;
je leur dois un plus noble
salaire, c'est ma confiance

sans reserve, c'est une amitié éternelle : voila la reconnoissance la plus digne de nous deux, & la plus proportionnée à ce que tu fais pour moy. Accepte-les, Clorinde, ces seuls biens qui me restent ; si les Dieux m'en donnent d'autres, aprés t'avoir donné mon amitié ils ne me coûteront gueres à t'offrir. Mais il est tems que tu te retires, une plus longue conversation seroit suspecte à Periandre ; la plus legere méfiance nuiroit à nos desseins, évitons d'exciter la sienne. Je sors donc, dit Clorinde, & croyez que dés ce soir vous serez satisfaite. Ecoute, repartit Caliste, j'oubliois de t'instruire de ce que tu feras aprés avoir rendu ma lettre; tu lui diras qu'il se hâte de la lire, & qu'il écrive sa réponse; porte-lui ce dont il aura besoin pour cela. Peut-être qu'il ne se contentera pas d'écrire, & qu'il te parlera; ma chere Clorinde, retiens bien ce que t'aura dit cet aimable inconnu, rapporte moy jusqu'aux moindres mouvemens de son cœur, & souviens-toy qu'ils me seront aussi chers que ma liberté même ; cependant ménage l'honneur de Caliste, peins-lui mes malheurs, fais-lui comprendre que c'est eux qui m'obligent d'avoir recours à lui ; &, s'il se peut sans hazarder ma gloire, laisse lui entrevoir qu'on n'a point de repugnance à se confier à lui. Mais c'est trop te retenir, ton zele t'instruira mieux ; sors, & j'en attendrai demain le succés. Clorinde alors quitta Caliste, dont l'esperance suspendit les ennuis. La moindre lueur de felicité charme les malheureux ; ils s'abandonnent imprudemment, & par avance, aux douceurs d'un sort qu'ils devroient envisager comme incertain. Caliste sur un simple espoir se promet déja la fin de son esclavage, déja son cœur impatient n'est presque plus touché des maux qu'il souffroit. Cependant Periandre entre dans sa chambre ; la vûë de ce tyran si odieux paroît alors moins affreuse à Caliste. Il lui parle de son amour, elle l'écoute avec plus de tranquilité. Ce tyran de son côté croit lire dans les yeux de sa captive qu'il est moins haï, ses transports en redoublent, il la presse de s'expliquer : Estes-vous changée, Madame, lui dit-il ? ou me trompez vous ? Cessez ce langage, lui répondit-elle, il me gêne encore ; il est vrai que mes ennuis sont moins grands, ne cherchez point à les augmenter, contentez-vous de penser qu'ils diminuent ; laissez-moy seule à present, & ne vous obstinez plus à me contraindre. Periandre eût bien voulu continuer la conversation : mais il se retint, par la crainte de réveiller contre lui une aversion qu'il croyoit assoupie. Je vous laisse, dit-il, puisqu'il le faut, Madame; tenez-moy compte d'une obeïssance à laquelle un amour aussi violent que le mien a peine à se resoudre; & puisque j'arrête toute ma passion en vôtre faveur, Madame, à vôtre tour efforcez-vous de vaincre vôtre haine. Il ne dit que ces mots, & se retira. Quand Caliste se vit en liberté : Non, non, tyran, dit-elle, n'attens pas de mon cœur un effort si favorable, il est fait pour te haïr, & tu le merites : mais oublions-le plûtôt, continua-t-elle ; c'est à ma liberté à qui je dois toute mon attention. Cher inconnu, c'est par vous que j'en joüirai ; de quels charmes ne sera-t-elle pas suivie ! mais libre & délivrée de l'aspect d'un cruel, que mon cœur contre vous défendra mal cette liberté que je souhaite !

C'est ainsi qu'elle s'entretint en elle-même le reste de la journée : cependant il étoit déja tard ; Periandre fit servir dans la chambre de de Califte un repas composé des mets les plus exquis, & n'oublia rien de ce qu'il crut pouvoir la divertir. Flaté de ce que lui avoit répondu Califte, ce tyran pendant le repas ne sembla respirer que joye ; ses yeux, naturellement farouches, jettoient alors des regards plus adoucis : il parla de son amour avec un emportement, peut-être peu respectueux, mais convenable au caractere d'un homme aussi violent. Il fit des sermens affreux d'aimer toûjours, & d'aimer avec plus de passion que jamais ; il exagera les peines que la haine de Caliste lui avoit fait souffrir, il voulut lui prouver que cette haine étoit injuste, il osa même rappeller des obligations qu'elle & son pere avoient à sa famille ; langage ordinaire des ames communes. Il auroit pû se ressouvenir aussi des maux qu'il avoit fait souffrir à sa captive, en gemir, en demander pardon : mais un tyran sçait joüir d'un bien qu'il attendoit, sans sçavoir se repentir des moyens cruels dont il s'est servi pour l'acquerir.

Periandre pensoit que Ca-
liste étoit disposée à l'aimer;
c'étoit là le bien qu'il souhaitoit, & son cœur avoit trop
de bassesse, pour concevoir
aucuns remords de la tyrannie dont il avoit usé envers
elle. Cette aimable fille ne
répondoit presque rien. Cet
amant, aprés mille protestations furieuses & extrava-
gantes, s'avisa, par une sail-
lie temeraire, d'exiger d'elle
des sermens reciproques.

M'aimez-vous, dit-il, Ma-
dame, autant que je vous
aime ? La tendresse que j'ai
pour vous merite bien de

vôtre part un aveu qui m'assure d'une fidelité à l'épreuve ; vous m'avez tantôt flaté de quelque esperance, le respect alors a fait taire ma passion : mais c'est assez languir, ne m'en demandez plus, Madame, je ne suis plus en état de vous obeïr. Je vous adore, declarez-vous, il est tems ; de quoy sert une importune retenuë qui s'oppose au plaisir que vous me ferez, & dont mon amour me rend digne? Parlez, Madame, dites comme moy, que vous livrez vôtre cœur au seul plaisir de m'aimer. Le discours impetueux de Periandre auroit encore duré long-tems, si Caliste ne l'avoit tout d'un coup interrompu. Arrêtez, dit-elle, mon cœur souffre impatiemment de si pressans transports ; souvenez-vous que ce n'est que depuis quelques heures que je commence à m'accoûtumer à vous : cet intervale est trop court pour tarir cinq ans d'aversion. J'avouë que d'aujourd'hui je vous vois avec moins de peine ; soyez satisfait de cette assurance, ménagez mon cœur, tant

d'amour l'épouvante, &
pourroit encore lui rendre
sa haine. Il me paroît qu'il
s'en défait, n'y mettez point
d'obstacle, vôtre retenuë &
le tems l'interesseront plus
en vôtre faveur, que tant
de mouvemens dont l'impe‑
tuosité l'accable.

Elle prononça ces mots
d'un air mêlé de douceur &
de fierté, qui ralentit les
mouvemens de Periandre.
Il 'a regarda quelque tems
sans rien dire : Hé bien, Ma‑
dame, répondit-il aprés,
Periandre, tout passionné
qu'il est, vous obeïra. Vous

me donnez cependant une étrange preuve de vôtre disposition à me moins haïr, puis qu'il faut pour l'aider vous dérober des mouvemens qui l'augmenteroient dans un autre: mais peu m'importe par quelle voye j'arrive à vôtre cœur; vous me le promettez, je borne mon attention à l'esperer, sans m'embarasser si les moyens qui m'en feront joüir sont sûrs ou non. Haine, indifference de vôtre part, tout à present m'est égal, pourveu que mes esperances reüssissent. Vous exigez de moy du silence & de la retenuë, j'en accepte le parti, il m'en coûte : mais souvenez-vous aussi, Madame, du prix que vous proposez à l'effort que je me fais, vous devez m'en répondre ; la bonne foy, mon amour, tout vous engage à tenir parole. Souvenez-vous encore qu'une esperance trompée dans un cœur comme le mien, laisse un juste desespoir qui rend capable de tout. Mais j'ai tort de vous peindre des extrémitez que l'honneur nous épargnera sans doute ; ce sont de ces images odieuses que produit un amour excessif & tremblant, pardonnez-les aux méfiances d'un cœur que cinq ans de haine obstinée autorisent à avoir. Aujourd'hui ces méfiances cessent, vos paroles me rassurent, je les crois sinceres, & je vais, plein de confiance, executer desormais ce que vous demandez de moy. Je vous laisse donc, Madame, songez à ce que vous m'avez dit. Periandre alors se retira, & Caliste resta seule. Les desseins qu'elle mediroit lui firent oublier Periandre. Il étoit tard, tout reposoit dans la maison: la chambre de l'inconnu étoit au-dessus de la sienne; elle prêtoit l'oreille, pour entendre quand Clorinde ouvriroit la porte. De combien de mouvemens étoit-elle agitée ! Tantôt épouvantée de la hardiesse de son entreprise, elle se representoit Periandre en fureur, livré à la jalousie la plus terrible, inventant pour la punir un nouveau genre d'esclavage. Tantôt se défiant du courage de Clorinde, elle craignoit que la re-

flexion n'arrêtât cette fille.
Un moment aprés, elle
croyoit déja se voir en liberté ; elle remercioit l'inconnu, il lui parloit de sa
passion, elle sentoit couler
dans son cœur un plaisir
doux & tranquile, elle tres-
failloit à cette idée, & n'o-
soit s'abandonner au charme qu'elle y trouvoit. Enfin
elle entendit un petit bruit ;
c'étoit Clorinde qui entroit
dans la chambre de l'inconnu. Caliste le jugea d'abord,
il lui sembla même entendre
le bruit sourd de leurs voix.
Ce qu'elle sentit alors peut

bien le comprendre, & foiblement s'exprimer. Laissons-la quelque tems à ses craintes, à son trouble, & aux plaisirs que donne une imagination animée par l'amour. Clorinde en entrant dans la chambre de Clorante l'éveilla. Accablé d'un ennui qui ne le quittoit jamais, il venoit de s'assoupir. Clorinde s'avança le flambeau à la main. Clorante la regardoit sans rien dire, surpris sans doute de voir à ces heures une jeune fille dans sa chambre. Sa surprise augmenta quand Clorinde lui presenta la lettre, & lui dit: Prenez cette lettre, Seigneur, & hâtez-vous de la lire; elle vous instruit d'un secret qui doit vous interesser, & que vous apprend une personne qui vous est chere. Je ne comprens point, dit Clorante, quelles sont les raisons qui vous obligent à venir trouver un homme, qui dans son malheur desespere d'apprendre rien qui le console: mais je sens, par je ne sçai quel pressentiment, que je n'ai de vôtre part rien à sçavoir de fâcheux. En disant ces mots il prit la lettre, l'ouvrit, & voici ce qu'il y trouva.

Je suis la personne à qui tantôt vous avez raconté vos avantures ; j'en étois le sujet, c'est moy que vous avez vûë à une fenêtre à.... & que vous avez apperçûë quelques jours aprés dans un jardin qui en joignoit un où vous étiez avec une Dame: enfin c'est moy, Seigneur, que vous témoignez chercher avec ardeur. Vôtre phisionomie, & la maniere dont vous m'avez parlé me persuadent que vous êtes genereux. J'ai besoin de secours,

& je vous en demande; je suis fous la tyrannie du cavalier avec lequel vous m'avez vûë dans le jardin, & que vous avez crû mon amant, il me tient captive depuis mon enfance, il m'aime, il exige de moy les mêmes sentimens, mon cœur n'a pû l'écouter, & le peut moins que jamais. Pour me vaincre il employe la violence, j'ai tout à craindre. Je desesperois de voir jamais finir mon esclavage ; le hazard vous a conduit ici, je vous ai reconnu par le recit que vous m'avez fait. Mon desespoir, la haine que j'ai pour mon tyran, & j'ose dire encore, sans crainte que vous en abusiez, un sentiment d'estime que vous paroissez mériter; tout cela m'engage à vous prier de me tirer des lieux où je suis. Ce que vous m'avez appris sans me connoître pourroit sans doute me détourner de l'action que je fais: mais mon esclavage & ce que je pense de vous me donnent une hardiesse que des ames communes desapprouveront peut-être, mais que ne condamneront point ceux à qui une no-

noblesse de cœur & une raison superieure inspirent d'autres maximes. Je n'hesite point à croire, Seigneur, que vous serez de ce nombre ; je regarde vôtre amour même comme une sûreté de plus pour moy ; j'ajoûterois, comme une occasion dans les suites à vous estimer davantage, si le besoin que j'ai de vôtre secours me rendoit de pareilles honnêtetez suspectes. Avec un homme genereux on n'est point forcé de s'engager à rien pour l'exciter à nous servir, on lui laisse pour objet le seul plaisir d'obliger, & la reconnoissance qu'on lui doit engage aprés à lui donner tout ce qu'il merite. J'attens vôtre réponse, Seigneur, touchant les mesures que vous prendrez ; vous pouvez en même tems confier en liberté vos sentimens à celle qui vous rendra ma lettre : j'espere, encore une fois, qu'ils seront conformes au jugement que j'ai fait de vous ; je ne sçai pourquoy même je ne puis m'imaginer le contraire : si je me trompois, je ne me soucie plus de voir finir mes malheurs.

Que vous perdez ici, Madame, de ne pas connoître l'amour ! que la surprise où se trouva Clorante vous interesseroit ! que vôtre cœur auroit de plaisir à juger de la situation de cet amant ! Quelle nouvelle pour lui ! de quelle satisfaction ne comble-t-elle pas une ame agitée de la passion la plus tendre & la plus malheureuse ! Rien n'avoit prévenu Clorante, rien ne le preparoit à tant de bonheur ; il n'envisageoit qu'une douleur éternelle: un instant la termine avec des circonstances que le hazard semble n'avoir amenées que pour égaler ses plaisirs à ses peines. Cet instant, pour ainsi dire, lui prodigue mille biens dont le moindre étoit au-dessus de ses esperances; douceurs infinies que comprennent ceux qui sont nez tendres; delicieux momens où l'ame est plongée dans une abondance de plaisirs. Mais en vain mes propres sentimens me fournissent ici les expressions les plus vives; vous interesserai-je pour ce ce que vous n'avez point vû? vous que ne touchent pas des inquietudes, des plaintes que vous causez ; vous qui tous les jours témoin ; vous.... Mais suivons les loix que vous imposez, & revenons à Clorante, dont je prenois insensiblement la place.

Il lut cette lettre avec des mouvemens dont il étoit agreablement saisi. Sa joye d'abord ne fut point de celles qui éclatent par des transports ; c'étoit une joye interieure qui l'enchantoit, qui captivoit ses sens : on lisoit sur son visage une émotion vive, qui ne lui laissoit pas la liberté de parler. La triste langueur disparut de ses yeux, un air doux & tranquile se répandoit dans tous les traits, & succedoit insensiblement à cet étonnement dont il avoit été saisi. Enfin il parla ; il commençoit un discours qu'il n'achevoit jamais, des exclamations, des mots mal arrangez & sans suite marquoient encore le desordre de son cœur. Clorinde l'examinoit, & se sentoit elle-même touchée des témoignages éloquens de sa passion. Cependant le tems pressoit, elle lui dit: Seigneur, je suis charmée de ne m'être point trompée, quand j'ai crû que la nouvelle que je vous apportois vous feroit plaisir ; mais la nuit est déja bien avancée, hâtez-vous de répondre à celle qui vous écrit, & vous pourrez aprés me confier vos sentimens. Vous m'avez tiré, lui répondit-il, de l'état le plus funeste, & le bonheur dont me comble cette lettre me paroît si grand, que je n'imagine à presént rien au-delà : la passion que j'ai pour celle qui vous envoye doit vous répondre de ma part d'une reconnoissance infinie ; elle est fondée sur des sentimens qui ne finiront jamais, & qui toute ma vie me feront sentir ce que je vous dois. Mais les momens sont chers, & je vais écrire. Aprés ces mots il fit ainsi sa réponse.

Est-ce vous, Madame, qui m'avez écrit ? est-ce vous dont je vais terminer les peines ? quoy je pourrai vous revoir ! J'ai lû des caracteres que vôtre main m'a tracez ; vous me demandez du secours, à moy qui ne prolongeois

longeois ma vie que pour vivre en vous cherchant. Car enfin vous le sçavez, Madame, le hazard vous l'a appris, & je n'oserois vous le dire, si tantôt, sans vous connoître, je ne vous avois marqué tous mes transports; vous avez vû combien j'aimois ma chere inconnuë : c'étoit là mes termes, tout m'étoit permis alors. J'étois au desespoir, j'avois perdu cette inconnuë, je soûpirois, mes chagrins éclatoient en liberté. Vous avez tout entendu; qu'il m'est doux de m'en

Tome I. R

ressouvenir ! J'ai fait l'aveu de mes sentimens, & quel aveu ! L'amour le plus tendre le dictoit, mes larmes, mes soûpirs, le chagrin de vous avoir perduë ; tout contribuoit à le rendre sincere. Ha mes malheurs me doivent être bien chers, puisque c'est à eux que je dois le plaisir de vous avoir declaré mon amour avec des expressions que le respect & la crainte m'auroient interdites si je vous avois connuë : mais enfin l'ignorance où j'étois me justifie, vous sçavez tout, je suis content, que pouvois-je souhaiter davantage ? Je n'aspirois qu'à vous faire sçavoir que j'aimois, je l'ai fait de la maniere la plus touchante. Vous n'y serez point sensible, il est vrai : mais la satisfaction d'avoir tout avoüé est une felicité qui doit borner les esperances d'un malheureux, qui s'en faisoit une de vous avoir pour objet de son desespoir. Le retour est un bien qu'il m'est seulement permis de souhaiter, sans l'attendre. Oui desormais, Madame, vous aimer sans espoir, est une situation où je vais trouver mille charmes. Je gemirai, qu'importe, mes soûpirs seront un hommage éternel que vous meritez, ils vous seront connus, vous me plaindrez peut-être quelquefois; & je prefere ce sentiment de pitié aux faveurs que j'aurois d'une autre. Mais que fais-je ici ? pourquoy me laisser aller aux mouvemens de mon cœur ? que puis-je vous dire qui ne soit foible, aprés ce que vous m'avez entendu prononcer ? Est-ce le tems de vous exprimer ma tendresse, quand vôtre liberté doit faire à present mon unique objet ? Est-ce là ce que vous attendiez de moy ? & ne devrez-vous qu'à mes transports le secours que vous demandez ? L'amour n'inspire-t-il pas du courage & du zele au dernier des hommes ? Mais, Madame, pourquoy m'apprendre que vous étiez cette chere inconnuë ? je vous aurois servie, j'aurois merité vôtre estime : mais vous n'avez voulu me rien devoir. Que dis-je encore ? Il faut m'arracher au plaisir de vous écrire ; je n'en ai que trop dit pour vous ôter ces sentimens que vous aviez de moy. Je finis, en vous priant de faire attention qu'il faut être né capable d'une action genereuse, quand on est capable de tant de respect & de tant d'amour. Adieu, Madame; chaque mot que j'écris est un crime, puisque c'est pour moy seul que je parle, & je m'en vais l'effacer ce crime à force d'ardeur à vous servir. Vous sçaurez tout de celle qui m'a rendu vôtre lettre.

Dés que Clorante eut

achevé : Ne perdons point de tems, dit-il à Clorinde ; voyons quelles mesures on peut prendre pour tirer cette aimable personne d'esclavage. Seigneur, lui dit cette jeune fille, il n'est pas dans la journée un moment dont l'on puisse profiter. Periandre, celui dont ma maîtresse vous parle, l'obsede alors, & ne la quitte pas. Il n'y a pas non plus d'apparence de venir la force en main enlever ma maîtresse de chez lui ; il a dans sa maison un nombre de domestiques, gens barbares qui lui sont dévoüez : la nuit seule peut favoriser nos desseins; & quoique Periandre chaque soir prenne la clef de la chambre de ma maîtresse, ses fenêtres donnent dans un jardin de la maison, & ce jardin a une petite porte par où l'on sort dans la campagne. Voila, Seigneur, dit Corinde, la seule chose dont on puisse profiter. J'imagine un dessein qui reüssira, dit Clorante ; le bonheur qui m'arrive aujourd'hui m'est garant que le succés en est infaillible. Survivrois-je, grands Dieux ! au chagrin de l'avoir mal servie ? Les fenêtres, dites-vous, donnent sur un jardin ? Il faut saisir cette unique ressource, puisque vous jugez impossible de l'enlever autrement. Ma santé est assez rétablie ; dés qu'il fera jour je me leverai, peu m'importe, avant que je parte, de ne pas voir Periandre : outre qu'il pourroit me reconnoître, mon cœur ne pourroit se contraindre à le remercier par bienseance, du secours que j'ai trouvé chez lui. J'y suis cependant sensible : mais la tyrannie dont il use envers son aimable captive, le peint à mes yeux comme indigne d'une démarche qui pourroit nuire à nôtre entreprise. Je feindrai ce matin d'être obligé de partir pour des affaires pressantes, & d'être fâché de ne point voir Periandre ; car sans doute ce tyran à ces heures ne sera point levé. Je me hâterai d'arriver à la ville la plus prochaine, là j'arrêterai trois ou quatre domestiques, à qui j'ordonnerai de me tenir pour la nuit un nombre de chevaux prêts ; cela terminé, je reviens dans ces lieux, & toute la difficulté sera de vous trouver aujourd'hui ici, & dans un endroit où je puisse vous voir, & vous remettre une échelle de soye dont je me serai muni, & dont vôtre maîtresse se servira pour descendre de sa fenêtre dans le jardin. Sur-tout ressouvenez-vous qu'il en faudra sur le soir ouvrir la porte, & la tenir poussée de maniere qu'on ne s'en apperçoive pas. Clorinde alors l'interrompit : J'aurai soin, lui dit-elle, d'ouvrir la porte du jardin ; à l'égard de l'endroit où vous me remettrez l'échelle, ce matin, dés que vous serez sorti d'ici, faites le tour de la maison, vous verrez la muraille de ce jardin & la porte. Ce soir, quand le jour commencera à tomber, vous n'aurez, Seigneur, qu'à jetter l'échelle par-dessus la porte, je serai dans ce moment dans le jardin, pour la recevoir sur le champ. Cela suffit, repartit Clorante, souvenez-vous de tout. A minuit j'entrerai dans le jardin, & je tousserai pour signal, vous ouvrirez la fenêtre, & je vous recevrai quand vous descendrez. Instruisez vôtre maîtresse des mesures que nous prenons ici. Je ne vous dis pas de la rassurer, de lui faire comprendre que je n'attens, en la servant, d'autre plaisir que celui de la voir en liberté ; que soûmis à ses ordres, un seul mot, un seul geste lui suffiront pour se faire obeïr. Je la conduirai dans les lieux où elle voudra aller, avec un respect que ma passion ne fera que redoubler à chaque instant, & ne rendra que plus timide. Quand elle n'aura plus besoin de moy, ses yeux n'ont qu'à me l'apprendre, & je lirai mon arrêt dans ses regards; & lui épargnant la peine de renvoyer un malheureux, je fuirai sur le champ, ou j'expirerai. Ce que je fais pour elle ne doit pas l'engager à la moindre complaisance; ce n'est point à celles qui lui ressemblent à se gêner pour un homme, ils ne sont tous faits que pour leur obeïr, & pour risquer à leur gré leur vie pour elles. Quand je l'aurai mise en liberté, que je meure ou que je vive en me separant d'elle, mon sort ne sera-t-il pas trop heureux ? Clorinde aprés ces mots lui témoigna qu'il étoit tems qu'elle s'en allât. Clorante avoit toûjours quelque chose à lui dire, il la rappelloit sans cesse. Enfin elle le quitta. Dés que Periandre permit qu'on entrât dans la chambre de Caliste, Clorinde alla lui rendre la lettre de Clorante, & lui fit un rapport fidele de tout ce qu'avoit dit cet inconnu. Caliste ouvrit la lettre, & la lut. A cette lecture une tendre langueur se peignit dans ses yeux ; elle embraſſa Clorinde, & la remercia d'une maniere qui faiſoir juger des plaiſirs qu'elle reſſentoit. Clorante de ſon côté paſſa le reſte de la nuit dans une agitation que lui donnoit l'impatience de voir ſon inconnuë, & de la voir en liberté : jamais il ne ſe repreſenta ſes traits avec plus de vivacité, & jamais il n'avoit ſenti tant d'amour. Il avoit eu tant de raiſons pour croire qu'il l'avoit perduë pour toûjours, que l'avanture qui lui venoit d'arriver ſouvent lui paroiſſoit comme un enchantement qui

qui pouvoit se dissiper. Il tenoit la lettre qu'on lui avoit apportée, il la baisoit : Sa main, disoit-il, a touché ce papier, c'est pour moy seul qu'il fut écrit. Il comprenoit bien que tout cela étoit veritable : mais son bonheur avoit été si subit, qu'il ne pouvoit s'accoûtumer à une entiere certitude. Le jour qui parut dissipa son trouble, & l'avertit qu'il étoit tems qu'il se levât. En un instant il fut habillé, il ne se trouva plus foible ; dans un autre tems à peine eût-il pû se soûtenir : mais la joye d'un cœur tendre & satisfait anime les sens, & répand la santé dans tout le corps. Il sortit de sa chambre : on fut surpris de le voir levé si matin, lui qu'on ne croyoit pas encore en état de sortir. On lui demanda où il alloit, il dit que des affaires de consequence l'obligeoient, là quelque prix que ce fût, de partir ; il témoigna quelque empressement de voir Periandre, en ajoûtant adroitement qu'il dormoit sans doute. Si vous voulez attendre encore quelques heures, lui répondit un domestique, vous pourrez le voir, Seigneur. Non, je ne le puis, dit-il, les momens me sont precieux, je devrois être déja parti; témoignez-lui le chagrin que j'ai de n'avoir pû le voir, & lui marquer ma reconnoissance: j'espere revenir dans ces lieux, & le remercier de tout ce que je lui dois. Aprés ces mots il recompensa ceux qui avoient eu soin de lui pendant sa foiblesse. Son cheval étoit prêt, il partit. Il est aisé de croire que son ardeur le fit arriver bien vîte dans la ville prochaine; l'amour est un guide qui fait voler ceux qu'il conduit. Dés qu'il fut arrivé, il s'informe, il fait sçavoir qu'il a besoin de trois domestiques, il s'en présente, il les arrête. Heureux commencement ! jamais intrigue ne promit plus de succés. Il repart pour se retrouver à la porte du jardin au jour finissant. Il n'attendit pas un moment, le Soleil sembloit être de concert avec lui ; il toussa, Clorinde déja postée lui répondit ; il jetta l'échelle, elle lui marqua par un autre signal qu'elle l'avoit ramassée, & qu' elle se retiroit. J'oubliois de dire que Clorante, en partant de la ville, avoit emmené ses trois domestiques avec lui. Ces domestiques montoient chacun un cheval, & en menoient par la main chacun un autre. Clorante avoit laissé toute cette suite dans une forêt à un quart de lieuë de la maison où étoit Caliste, avec ordre de l'attendre. Dés que cet amant eut jugé que Clorinde s'étoit retirée, il vint retrouver ses gens, & attendit en rêvant qu'il fût tems d'executer son entreprise.

La nuit vint, déja un silence affreux regnoit dans toute la campagne. Clorante à petits pas s'avança avec ses gens, & se trouva insensiblement auprés de la porte du jardin. Jusques là il n'avoit senti que des émotions de joye qui sembloient lui prédire que tout lui reüssiroit. Une secrete inquietude le saisit à la vûe du jardin, il fut comme alarmé d'un trouble fâcheux qui suspendit un moment cette amoureuse impetuosité; il s'apperçut de ce mouvement, sans reflechir à ce qu'il pouvoit pronostiquer. Il ouvre la porte, dit à ses gens d'en garder l'entrée ; il avance en tressaillant, & avec un battement de cœur que causoit ou un sentiment de joye, ou la crainte de ne pas reüssir, & peut-être un certain pressentiment qui precede toûjours un malheur prêt à nous surprendre. Il tousse, Clorinde & Caliste l'entendirent ; elles ouvrent doucement la fenêtre, on tendit l'échelle, Clorinde descend la premiere, Caliste la suit, bien plus troublée que Clorante. Malgré l'obscurité de la nuit, Clorante ne se méprit point, & reconnut tout d'un coup Califte. Il lui prit un faififfement qui l'affoibliffoit ; effet prodigieux de l'amour. Califte à son tour le vit, elle sentit que sa force l'abandonnoit, ses mains ne pouvoient plus l'aider à descendre, il falut que Clorinde la soûtinst. Clorante s'approcha d'elle en tremblant. Les tenebres de la nuit cachoient à ces deux amans le desordre où ils se trouvoient en se voyant ensemble. Clorante voulut parler, de doux soûpirs entrecoupoient

poient ses paroles, on eût dit qu'il alloit expirer de plaisir, la voix lui manquoit à chaque instant. Caliste n'étoit pas moins attendrie ; avant de voir Clorante elle avoit resolu de contraindre les mouvemens de son cœur, & de paroître tranquille : mais que peut sur nous une resolution prise contre un penchant qui surprend & qui saisit ? Au son de la voix de Clorante Caliste ne se reconnut presque plus, son cœur répondit aux soûpirs de son amant ; elle jugea de toute sa foiblesse, & le charme qu'elle y trouvoit la convainquit qu'il étoit inutile de la combattre. La douce violence à laquelle elle aimoit à ceder, ne lui déroba pas le trouble où se trouva Clorante. Deux cœurs unis ne perdent rien de leurs communs transports. Mon abord, lui dit Clorante, doit vous surprendre, Madame, je n'ai pas la force de vous parler ; elle ne me manqueroit pas si j'avois moins de plaisir à vous voir presente. Ne cherchez point d'excuse, lui dit Caliste, au silence que vous avez gardé; le service que vous me rendez à present suffit pour m'en persuader plus que vous ne m'en sçauriez dire.

Clorinde s'étoit éloignée d'eux, pour les laisser libres dans cette premiere entrevûë. Ils s'avançoient vers la porte en se parlant, & se trouverent sous un berceau dont l'épaisseur redoubloit l'obscurité de la nuit. Qu'on est imprudent quand on aime; pourquoy faut-il qu'un dessein si bien executé, que tant de soins, tant de peines échoüent & deviennent inutiles? Ce même amour, si

T ij

ingenieux à trouver des moyens si sûrs ; cet amour qui les rassemble, & qui les a conduits jusqu'ici, va détruire & renverser dans un moment les esperances d'un bonheur qu'il ne tenoit qu'à eux de s'assurer. Penetrez du plaisir de se voir, ou plûtôt de s'entendre parler, ces deux amans oublient qu'ils ont à partir. Dans les premiers momens Clorante ne juroit à Caliste que les sermens d'un respect éternel. Ce terme plut à Caliste, il déguisoit l'amour de Clorante; son cœur lui perfuada qu'il lui étoit permis d'y répondre, elle l'assura de toute son estime, & l'en assura si tendrement, que les noms les plus doux qu'amour inspire échaperent enfin à Clorante. Il se jette aux genoux de Caliste, & les embrasse. Ce respect qui gênoit sa tendresse dure encore, il est toûjours infini, toûjours sage, & pourtant moins timide. Il livre son ame à ce torrent d'innocens plaisirs que fournit l'ardeur d'une passion délicate. Caliste demeure interdite, des mouvemens si vifs la saisissent elle-même, & lui en inspirent de pareils. Elle voit Clorante à ses genoux, elle rougit de souffrir cette marque d'amour, & n'a pas la force de le repousser. Souvent charmée d'un amant qui l'adore, elle est prête de laisser un libre cours à sa tendresse. Cependant Clorante est toûjours à ses genoux, il exprime tout ce que la passion peut suggerer de plus vif, & de plus capable d'attendrir; & se laissant aller au charme que la presence de Caliste répand dans son cœur, il prend une de ses belles mains, y porte sa bouche, & y imprime de doux baisers, dont les impressions passent jusqu'au cœur de Caliste. Elle avoit d'abord retiré sa main avec violence, & ce fut là son dernier effort : elle abandonna cette main aux transports de son amant. Dieux ! quelle funeste avanture va terminer ces heureux instans ! Pendant que ces amans se livrent à la douce volupté qui seduit leur cœur, Periandre se levoit pour aller se promener dans le jardin. Il y avoit long-tems qu'il étoit couché : cette nuit le sommeil sembloit le fuir, il n'avoit pû s'endormir. On étoit dans les plus beaux jours de l'esté. Fatigué de l'insomnie où il se trouvoit, il se leva pour aller prendre le frais dans ce jardin. Le chemin qu'il prit l'éloigna d'abord de l'endroit où étoient Caliste & Clorante : mais il faloit que le hazard se vengeât du mauvais usage qu'ils avoient fait de ses faveurs. Periandre se promena long-tems dans de vastes allées. Nul zephir n'agitoit les feüilles, le moindre bruit, un souffle se pouvoit entendre ; & quoique nos amans s'entretinssent assez bas, & que Periandre fût à une distance éloignée d'eux, la vivacité de leurs mouvemens, leurs transports redoubloient plus ou moins le son de leur voix, & faisoient un certain murmure interrompu, de tems en tems de soûpirs & d'exclamations qui fraperent Periandre. Il eut d'abord quelque frayeur : mais ayant aprés écouté plus attentivement, ce bruit ne lui parut point tel que le pourroient faire ou des ennemis, ou des voleurs. La curiosité de sçavoir ce que c'étoit le fit avancer; il suit la voix, & se glisse le plus doucement qu'il put. Il arrive enfin si prés, qu'il distinguoit leurs paroles; car pour les voir, il étoit impossible, l'obscurité étoit si grande dans l'endroit où étoit Clorante, que les yeux dans tous les objets ne pouvoient rien démêler. Il prêta l'oreille avec plus d'attention; Clorante parloit alors, & le tendre discours qu'il tenoit lui fit comprendre que c'étoit des amans qui se parloient. Dans le moment que Periandre étoit le plus surpris de l'avanture qui les faisoit trouver là, Clorante cessa de parler, & Caliste lui répondit. Sa réponse étoit modeste, mais tendre & touchante; on jugeoit aisément qu'elle aimoit avec tendresse celui avec lequel elle étoit. A la premiere parole qu'elle prononça Periandre la reconnut. Déja la rage s'allume dans son cœur, il écoute encore en fremissant, il croit s'être trompé : mais plus il entend cette voix, & plus il est convaincu que c'est celle de Califte. Les hommes genereux, incapables d'une action lâche, ne font pas les maîtres en pareille occafion de leurs premiers mouvemens; ils executent fur le champ ce que les méchans fans cœur remettent à faire avec trahifon. Periandre fe fentoit outré, il ne refpiroit que vengeance contre ces amans: mais il étoit lâche, fon courroux excitoit feulement fa barbarie, fans lui infpirer du courage : il vouloit fe rendre maître de tous les deux, & le vouloit faire avec sûreté. Le plaisir que Caliste & Clorante avoient à se parler lui fit juger qu'ils lui donneroient le tems d'aller sans bruit éveiller ses gens, pour s'en faire accompagner. Son dessein étoit, quand il seroit soûtenu de ses satellites, d'approcher de l'inconnu sans bruit, le poignard à la main, & de lui plonger dans le cœur, avec ordre à ses gens de l'en défaire, s'il venoit à manquer son coup. Aprés cette resolution il se retira, & se hâta, quand il fut loin d'eux, d'arriver où reposoient ses domestiques. Il entre, les éveille tous sans faire de bruit. Ses gens, qui reconnoissent sa voix, se levent & s'habillent avec promtitude. Periandre les instruit, leur ordonne de s'armer & de le suivre. Ces malheureux obeïssent, & tous, le sabre à la main, descendent dans le jardin avec leur maître. La voix de Caliste & Clorante, qui parloient encore, les guide & les conduit. Ils arrivent prés d'eux; Periandre marchoit le premier, un poignard en main. Il s'arrête un moment pour executer son coup, & pour prendre de plus juſtes meſures. Malgré l'obſcurité, en entendant parler l'inconnu, il juge que ſon bras peut l'atteindre. Il reſſent dans le cœur une joye cruelle de l'action qu'il va faire. Il leve le bras, & frape Clorante, qui pouſſe un cri, & chancele. Comme le poignard avoit enfoncé bien avant, Periandre crut qu'il tomboit. Caliſte avoit été tellement ſaiſie de frayeur au coup qui avoit frapé Clorante, qu'elle demeura comme immobile. Cependant Periandre l'ap-

pelloit : Approche, lui disoit-il, fille ingrate & sans
foy, ton amant expire, tremble à ton tour des maux que
je te prepare. A ces menaces
Caliste, encore plus épouvantée, fit des cris terribles,
& se jettoit dans les bras de
Clorinde, qui s'étoit assise
prés de ces amans, & qui
s'étoit levée au cri qu'avoit
fait Clorante. Ce jeune homme, quoique blessé, s'étoit
déja mis en défense ; & le
peril où se trouvoit Caliste
lui faisant negliger sa vie,
il avança pour percer Pe-
riandre, qu'il croyoit seul.
Le

Le lâche l'entendit s'approcher, & ne put, en reculant, se garantir d'un coup qu'il reçut dans le bras. Sa fureur en augmenta, & d'une voix affreuse il ordonna à ses gens d'attaquer Clorante. Ceux-ci levent leurs sabres, & dans l'obscurité frapent de tous côtez : l'air siffle des coups qu'ils donnent, leurs sabres se choquoient les uns contre les autres. Le nombre de ses ennemis n'effraya point Clorante, le desespoir de se voir enlever Caliste anime son courage, il s'élance, il frape, il blesse, &

se sent encore blessé lui-même. Le bruit du combat fit accourir ceux que Clorante avoit postez pour garder la porte : ils reconnoissent sa voix, & se rangent de son côté. Chacun fait tomber ses coups au hazard ; il semble cependant que les gens de Periandre soient les plus blessez, & que leur nombre est diminué.

Pendant le carnage Clorinde jugeant bien que le malheur le plus grand pour elle & pour sa maîtresse étoit de retomber entre les mains de Periandrre, prend par le bras Califte, qui ne fe reconnoît prefque plus, & fort du jardin avec elle. La fureur avec laquelle elle avoit entendu parler ce tyran la rempliffoit de crainte ; elle prévoyoit à fon égard que fa mort étoit infaillible, fi la fuite ne la déroboit à fa vengeance. Elle fuyoit donc, épouvantée des fuites funeftes qu'elle imaginoit ; elle entraînoit Califte, qui la fuivoit en foûpirant, & qui, dans le trouble où l'avoient jettée & le peril où elle avoit vû Clorante, & la prefence fubite de Periandre, n'avoit pas assez de liberté d'esprit pour s'appercevoir qu'elle quittoit son amant.

Pendant qu'elles s'éloignent toutes deux, sans sçavoir où les conduisent leurs pas, le combat duroit encore. A la fin Periandre reçut une blessure qui le fit tomber. Ses gens l'emporterent, & se retirerent en desordre dans la maison. Clorante resta seul dans le jardin avec les siens. Quoique ses blessures ne fussent point dangereuses, il avoit perdu tant de sang, & les mouvemens qu'il s'étoit donnez avoient été si violens, qu'il commençoit à s'affoiblir beaucoup: cependant, malgré sa foiblesse, il vole en appellant Caliste dans l'endroit où il l'avoit laissée. Où êtes-vous, s'écrioit-il, Madame ? venez, vôtre ennemi sans doute expire à presenr lui-même. Venez, aimable Caliste, (car pendant la conversation Caliste lui avoit appris son nom.) venez, vous êtes vengée des maux qu'il vous a fait souffrir. Vous n'avez plus rien à craindre, approchez; il ne vous reste pour tout ennemi qu'un amant respectueux, dont tout le sang coule pour vous, & qui va peut-être mourir à vos genoux. Mais helas ! en vain j'appelle, elle ne me répond pas. A ces mots il appella encore mille fois Caliste, il la cherchoit en chancelant. Les forces lui manquerent enfin, il tomba, & se plaignoit toûjours ; sa voix étoit mourante. L'état où il étoit toucha vivement ses gens, ils l'emporterent hors du jardin, & resolurent d'aller à quelque endroit où l'on pourroit lui donner du secours. Il leur repeta souvent : Laissez-moy. Il dit aprés : Il ne manquoit, pour achever mon malheur, qu'un secours cruel qui retarde ma mort. Ce fut là les dernieres paroles qu'il dit, il parut aprés évanoüi. Ses domestiques se souvinrent qu'ils avoient passé auprés d'un château dans le chemin qu'ils avoient tenu pour venir au jardin : ce fut là qu'ils conduisirent Clorante. Les portes en étoient fermées ; le jour cependant commençoit à percer les tenebres, & l'on entendoit dans le château comme un bruit de plusieurs voix d'hommes. Ils fraperent à la porte avec force, persuadez que l'état où étoit Clorante seroit une excuse suffisante pour le bruit qu'ils faisoient. Ils n'attendirent pas long-tems; un domestique vint leur demander ce qu'ils vouloient à pareille heure. Nous venons, répondirent-ils, vous prier de secourir un cavalier blessé, que plusieurs hommes ont attaqué & qui se meurt. Entrez, leur dit ce domestique, qui jugeoit par les habits

bits de Clorante qu'il faloit que ce fût un homme distingué. Alors il les conduisit dans une chambre où se divertissoient plusieurs autres domestiques. L'on deshabilla sur le champ Clorante. Celui qui avoit ouvert la porte visita ses blessures, & prepara ce qui pouvoit arrêter son sang. C'étoit un jeune homme à qui son maître avoit fait apprendre la Chirurgie. Il fit coucher Clorante, aprés avoir bandé ses playes, & assura qu'elles n'étoient point dangereuses, & qu'il en gueriroit avec d'autant plus de facilité, que le Seigneur du château avoit un baume si souverain pour les blessures, qu'elles se refermoient en trois ou quatre jours de tems.

Pendant que Clorante se reposoit, ses gens racontèrent aux autres tout ce qu'ils sçavoient de son avanture. Le Seigneur du château avoit le soir regalé ses amis; c'est ce qui faisoit que les domestiques avoient à leur tour passé la nuit à se divertir. Pendant qu'ils se parloient le jour vint; ils averdirent leur maître du secours qu'ils avoient donné à l'étranger: & leur maître étoit ce Turcamene dont les gens, quelques jours avant, avoient sauvé Clarice & Clorante du naufrage. Il voulut voir cet étranger dont on lui parloit, & vint lui rendre visite. Clorante ne fut reconnu ni par lui, ni par ceux qui l'avoient sauvé ; le déguisement de Clarice & sa beauté avoient dans cette rencontre attiré toute leur attention. Turcamene entra donc dans la chambre de Clorante, à qui l'on avoit dit qui il étoit. Ce Corsaire, en le regardant, jugea par la maniere dont il lui parla, & par sa phisionomie, qu'il étoit un illustre malheureux. Quoique le métier de Corsaire n'ait pas accoûtumé ceux qui l'ont fait à des sentimens d'une compassion genereuse, Turcamene, dont le cœur étoit effectivement endurci, étoit né cependant avec un certain caractere de politesse, qu'il avoit toûjours conservé dans l'exterieur. Je suis au desespoir, Seigneur, dit-il à Clorante, que la nuit m'ait dérobé le plaisir de vous donner du secours moy-même, & j'espere à present que mes soins vous tireront de l'état où vous êtes. J'étois si affoibli quand on m'a conduit chez vous, répondit Clorante, que je n'aurois pû vous marquer ma reconnoissance : mais, Seigneur, les bontez que vous me témoignez me prouvent assez ce que vous eussiez fait alors, & je n'y suis pas moins sensible. Ils se parlerent encore quelque tems ; aprés quoy Turcamene ordonna qu'on transportât Clorante dans un endroit plus convenable, & ne parut rien negliger pour le guerir; il lui donna de l'excellent baume qu'il possedoit, & qui fit dés ce jour un effet merveilleux.

Vous avez déja sçû, Madame, que ce Turcamene, autrefois Corsaire, étoit devenu Seigneur de ces cantons; vous sçavez aussi qu'il avoit été frapé de la beauté de Clarice quand on la sauva des eaux, & qu'il l'avoit fait porter chez lui. Cette aimable personne y étoit encore. Quand Turcamene en fut le maître, il sentit qu'il l'aimoit : mais son âge avancé, le peu d'apparence que Clarice ne fût point prévenuë en faveur d'un autre, un sentiment de respect qu'elle s'attiroit ; tout l'empêcha, les premiers jours, de lui declarer sa passion, il se contenta de faire parler ses yeux, & d'accompagner ses soins d'un air si obligeant, que le langage le plus tendre n'eût pas mieux peint les mouvemens de son cœur. Il remarqua que Clarice étoit triste, & que de tems en tems il lui échapoit des soûpirs : il n'étoit rien qu'il n'inventât pour dissiper ses inquietudes, tous les repas étoient servis dans sa chambre; tantôt il faisoit chanter par de belles voix les airs les plus gais & les plus charmans; tantôt il employoit les instrumens les plus harmonieux. Il tâchoit souvent de l'occuper lui-même par mille agreables recits, qui quelquefois calmoient la douleur de Clarice. Il paroissoit charmé quand il croyoit s'appercevoir qu'il reüssoit à la divertir. Clarice, qu'occupoit un amour malheureux, regardoit les soins qu'il se donnoit pour elle comme un effet de sa generosité. Par un retour genereux elle-même elle lui marquoit souvent combien elle étoit sensible à ses bontez; ses chagrins particuliers ne lui laissoient point une attention assez presente, pour qu'elle pût démêler la cause d'une application si obligeante à la réjoüir. Cependant ses forces & sa santé revenoient entierement, & elle se sentit bientôt en état de partir. La triste avanture qui lui avoit montré Clorante lui inspiroit une vive impatience de le chercher encore ; elle esperoit de le toucher, en lui apprenant l'action qu'elle avoit faite pour lui dans sa plus grande foiblesse. Elle avoit demandé ce qu'étoit devenu le Cavalier qu'on avoit sauvé avec elle. Turcamene, qui avoit soupçonné dèslors que ce pouvoit être un amant, ne lui avoit répondu rien de positif, dans le dessein d'éclaicir ses soupçons, en excitant Clarice à en demander davantage. Dans le moment Clarice cessa de parler : mais quelques jours aprés elle en parut si inquiete, qu'elle en pleura. Le chagrin qu'elle en avoit piqua la jalousie & la curiosité du Corsaire ; & ne pouvant plus se contraindre, quelque chose qu'elle en dût penser, il lui dit : Je suis fâché, Madame, de ne point avoir de nouvelles sûres à vous apprendre de ce Cavalier ; les pleurs que vous répandez me font juger de l'interêt que vous y prenez : c'est peut-être un amant que vous regrettez, Madame ; mais... A ces mots Clarice l'arrêta. Le déguisement où elle se souvint qu'on l'avoit trouvée, pouvoient fournir des idées trop peu convenables à sa delicatesse, si elle avoit avoüé que ce Cavalier étoit son amant. Elle prit tout d'un coup le parti d'ôter cette pensée à Turcamene, & lui répondit : Celui que je pleure, Seigneur, est mon frere ; nous nous sommes toûjours aimez tendrement tous deux : des raisons, qu'il seroit inutile de vous dire, m'obligerent à me déguiser comme vous l'avez sçû, pour débarasser ce frere d'un embarras où il se trouvoit. Quoique j'aye reüssi dans ce que j'avois envie de faire pour lui, il partit sans sçavoir que c'étoit à moy à qui il avoit obligation. Je courus aprés lui, pour me faire connoître, & pour lui témoigner ma joye. Le hazard me fit arriver la nuit, dans le tems qu'il se noyoit dans la riviere ; je l'apperçus, & le reconnus au clair de la Lune, je courus effrayée, pour chercher sur le rivage quelqu'un qui pût le secourir. La promtitude avec laquelle je marchois, & ma frayeur me firent imprudemment avancer trop prés de la riviere; je tombai dans l'eau, vos gens, à ce que vous m'avez dit, accoururent, & l'on nous sauva, mon frere & moy. Voila, Seigneur, la raison de mon déguisement, & le sujet qui me fait pleurer.

Clarice fit ce recit avec un air d'ingenuité si grande, que Turcamene perdit entierement ses soupçons; il ne voulut cependant pas lui avoüer ce qu'il sçavoit de l'avanture de Clorante, de crainte que l'empressement de le voir ne la fist partir plûtôt. Si j'avois sçû, Madame, répondit-il, que ce Cavalier vous dût être aussi cher, je l'aurois fait conduire ici comme vous quand on l'a sauvé : mais je le laissai entre les mains de quelques bateliers qui se trouverent là, & qui l'emporterent chez eux, & j'ignore l'endroit où il fut, & ce qu'il peut être devenu depuis. Quelque violence que se fist Clarice, elle fut à ces paroles plus attendrie que ne l'est ordinairement une sœur pour un frere. Elle gemissoit interieurement du malheur qui l'avoit separée de lui ; elle haïssoit Turcamene du peu d'interêt qu'il avoit pris à la vie de Clorante. Tout ce qu'il faisoit pour elle lui devenoit à charge : Le cruel ! disoit-elle en elle-même, qu'avois-je à faire de ses soins, s'il negligeoit celui dont les jours me sont plus chers que les miens ? Il n'a tenu qu'à lui que je visse Clorante ; je lui parlerois à present, & peut-être ne me fuiroit-il plus.

Cependant sa santé étoit entierement rétablie ; elle voulut

voulut absolument partir. Le Corsaire amoureux la retint d'abord, sous pretexte que dans peu de jours elle seroit encore plus forte. Le lendemain elle lui témoigna qu'il étoit inutile de la retenir davantage, & le pria de souffrir qu'elle envoyât chercher des chevaux, ou un équipage dans lequel on pût la conduire où elle vouloit aller. La maniere dont elle parla étoit pressante, & Turcamene vit bien qu'il faloit ou la laisser partir, ou la contraindre de rester absolument. Il se resolut d'abord au dernier : mais avant que d'en venir à cette extremité, il feignit de consentir à ce qu'elle vouloit ; & la faisant avancer insensiblement dans une allée d'un jardin où ils étoient alors, il la fit asseoir, se mit tout d'un coup à ses genoux, & lui parla en ces termes.

L'action que je fais vous surprend sans doute, Madame ; jusqu'ici je ne vous ai rien dit qui vous prepare à me voir devant vous dans cette posture, mon respect & mon âge m'ont imposé silence. J'ai pris, en vous voyant, la passion la plus volente, vôtre séjour ici l'a fortifiée ; j'ai soûpiré sans vous le dire : mais vous voulez vous éloigner de moy pour jamais, mon cœur ne peut plus se faire de violence. La crainte de vous perdre m'alarme, & me desespere trop, pour m'arrêter encore à de tristes considerations, qui m'ont assez gêné. Oui, Madame, je vous aime, ou plûtôt je vous adore ; ne soyez point offensée de me l'entendre dire, le peu de danger qu'il y a dans mon aveu pour vôtre cœur, doit arrêter vôtre colere; mon respect ne s'est démenti que quand vous voulez m'ôter jusqu'au plaisir de vous voir. Je vous aime donc, Madame, puis qu'il m'est permis de le dire; ma tendresse, il est vrai, n'est point accompagnée de cet agrément si sensible que la jeunesse prête à l'amour. Je vous offre un cœur qui n'est plus fait pour toucher le vôtre; vous êtes dans le printems de vos jours, vos yeux sont trop vifs & trop beaux, pour s'attendrir à des regards si differens des leurs,

& que l'âge, malgré l'amour, a rendu muets & languiffans : mais, Madame, il eft une efpece de reconnoiffance dont une ame comme la vôtre peut être capable, malgré la difproportion de nos âges. Je vous ai marqué que j'aime, mes empreffemens vous en auroient inftruite, fi, jeune comme vous êtes, il eût été poffible que vous vous en apperçûffiez. Je vous l'avouë à prefent, & j'ajoûterai encore, que je verferois tout mon fang, s'il faloit mourir pour vous fervir. Je ne demande point de vous un amour comme le mien, je n'en puis plus inspirer ; des sentimens de pitié & vôtre amitie doivent me suffire : si vous me les accordez, vous ne fuirez plus de moy, vous n'aurez plus la force de m'arracher la vie en me quittant. Mes biens sont considerables, je suis même distingué dans ces cantons par le rang que j'y tiens. J'oserai vous prier de partager ma fortune, je vous rendrai la maîtresse de tout, & le ressouvenir de ce que vous aurez fait pour moy rendra pour vous ma soûmission éternelle. Si la compagnie d'un homme de mon âge vous ennuyoit quelquefois, cet âge si rebutant pour le vôtre vous feroit esperer du moins de ne vous ennuyer pas long-temps. Je ne devrois pas, Madame, vous ouvrir une pareille pensée en pareil cas, vous seriez incapable de la concevoir: mais il n'est rien qu'on ne dise, quand il s'agit d'engager ce qu'on aime à faire nôtre bonheur. Quel sera le mien, si vous avez quelque pitié de moy? Ha! Madame, vous ne me répondez rien, que dois-je penser de vôtre silence ? Refuserez-vous à un malheureux cette marque de reconnoissance, dont il ne pourra joüir long-tems ? Serez-vous insensible au plaisir de faire un heureux ? Parlez, Madame ; je vous presse de répondre, & je tremble de ce que vous allez dire. Il est aisé de juger par ce discours que Turcamene, quand il vouloit, avoit l'esprit insinuant : mais cette delicatesse de sentimens étudiée cachoit une ame artificieuse & capable de de tout. La violence & l'effronterie devoient succeder à des manieres si douces, si Clarice refusoit de s'y rendre. Ce qu'elle venoit d'entendre l'avoit jettée, comme il l'avoit prévû, dans une si grande surprise, qu'elle lui avoit laissé continuer son discours sans pouvoir l'interrompre. Elle le regarda avec des yeux de mépris & d'indignation, quand il eut cessé de parler; & ne ménageant plus rien, elle lui repartit : Qui vous donne la temerité de mettre au jour un aveu si libre ? qu'ai-je fait qui pût vous perfuader qu'il vous étoit permis de me parler impunément d'un amour que m'attire fans doute & l'état où je fuis, & le peu de défenfe que vous voyez que j'ai contre vous ? M'eftimez-vous fi peu, que vous penfiez, qu'oubliant ce que le Ciel m'a fait naître, j'accepte de pareilles offres de la part d'un homme dont la vie n'eft qu'un tiffu de brigandages, (car elle avoit appris ce que Turcamene avoit été autrefois) & dont le cœur eft encore plus méprifable que la

fortune ? Je vous arrache à
la vie en voulant partir, dites-vous, vous osez me demander une compassion qui
m'interesse assez pour vous
sacrifier tout. Vôtre repos
doit m'être preferable au
mien, à ma gloire, si je vous
en crois; il faut vous satisfaire, vous mourrez sans
cela : eh que m'importe à
moy, ou vôtre vie, ou vôtre mort, si la reconnoissance que j'avois pour le secours que vous m'avez donné n'a pû vous suffire ? Ce seroit le payer bien cherement ce secours, s'il m'en
Z ij

gageoit à vous écouter. Non, non, perdez des esperances inutiles & temeraires ; contentez-vous de l'injure que vous m'avez faite en me les montrant. Je pars, & je regarde ce que vous venez de me dire comme l'effet d'un transport excusable par la foiblesse de vôtre âge. Rentrez en vous-même, & s'il vous reste encore quelque impression d'honneur, rougissez de vôtre action, & prouvez-moy que vous la condamnez en ne m'en parlant plus.

Quand Clarice eut prononcé ces paroles, elle marcha du côté de la maison sans attendre la réponse du Corsaire. Ce qu'il venoit d'entendre ne lui fit point changer de dessein ; il n'étoit pas sujet à des remords tels que ceux qu'on exigeoit de lui. La resistance de Clarice ne fit que l'exciter davantage ; à quelque prix que ce fût il resolut d'être heureux, & ne voulant cependant pas éclater encore, il suivit Clarice, & l'arrêtant par sa robe, il lui dit avec une fausse douceur : Eh bien, Madame, c'en est fait, je perds les idées de bonheur que j'avois conçûës, ma fortune & mon rang ne font pas dignes de vous être offerts, le mépris que vous en faites me montre toute la diſtance qu'il y a ſans doute de vous à moy. Mais, Madame, je vous ai ſauvé la vie, vous ne ſeriez plus ſans moy. Je n'ajoûterai point que je vous aime, & que l'amour ne doit deſobliger perſonne. Ne m'accordez, pour toute recompenſe du ſervice que je vous ai rendu, que quelque tems encore de ſéjour dans ce châ-

reau ; vôtre indifference &
vos conseils éteindront peutêtre mon amour, je pourrai
plus à loisir me convaincre
de l'impossibilité qu'il y a
pour moy de vous attendrir ; & que sçait-on ? peutêtre, en me voyant souffrir
vous-même, aurez vous cette pitié que je demande, &
que vous trouvez si offençante. Si vous restez toûjours inflexible vous partirez, Madame, & vous m'abandonnerez à ma funeste
passion.

Je vois bien, repartit Clarice, que ton cœur n'est pas

de trempe à se repentir des lâchetez qu'il te fait faire; je penetre tes desseins dans ton obstination à m'outrager. Le hazard m'a conduit chez toy; tu m'aimes, & peu t'importe que je veüille rester de gré, ou que tu me retiennes de force, pourveu que tu puisses satisfaire tes desirs. Tes manieres douces me cachoient un fourbe, un monstre plein de perfidie; tu as la force en main, tu peux m'empêcher de partir : mais avant de t'y determiner songe aux malheurs qui t'accableront bientôt, je trouverai moyen de faire sçavoir où je suis, tu trembleras alors malgré ton rang & ta fortune. Clarice se tut aprés ce discours, & continua de marcher. Je ne pensai jamais à vous retenir, lui dit Turcamene, & vous me faites ressouvenir que je puis le faire; je profiterai de l'avis, malgré les menaces dont vous voulez m'effrayer: mais avant que l'heure de me faire trembler arrive, peut-être aurez-vous lieu de craindre à vôtre tour, si vos mépris continuent.

Aprés ces mots Turcamene salua Clarice, & la laissa seule. Dans le moment elle comprit qu'elle n'étoit plus libre ; elle alla s'enfermer dans sa chambre, dans un desespoir qui lui fit mille mille fois souhaiter la mort. La rencontre qu'elle avoit faite de Clorante la fit penser qu'elle auroit pû le voir bientôt : Peut-être, disoit-elle en elle-même, est-il encore chez ceux qui l'ont emporté. Ah! mes maux n'étoient-ils pas assez grands ? Clorante m'avoit quittée, il en suivoit une autre, je n'avois plus la consolation de le voir, il ne me restoit plus que la liberté de le chercher sans espoir ; je la perdis cette triste liberté, un infame ose me la ravir, & que sçai-je, helas ! ce qu'il osera peut-être attenter encore ? Quel destin ! Quand Clorante me quitta je craignois la mort, je ne voulois mourir qu'en le cherchant, je la souhaite à present bientôt, il faudra la prévenir, & me la donner à moy-même. Justes Dieux ! parmi ceux que vous faites naître, en est-il que vous destiniez au malheur de detester le jour que vous leur donnez? Mais malgré le desespoir qui m'accable, oui je veux trouver encore quelque charme dans la vie ; je vivrai pour aimer Clorante, ma constance desarmera le destin, & je ne renoncerai au jour que quand mon tyran m'obligera de faire cesser mon amour, pour sauver mon honneur.

C'étoit là les pensées qu'un chagrin outré inspiroit à Clarice ; elle se coucha quelques momens aprés. Turcamene vint le soir lui rendre visite à son ordinaire ; il lui parla, elle ne lui répondit rien. Ce silence le piqua plus que n'avoient fait toutes les paroles méprisantes de Clarice. Vous avez sans doute resolu, Madame, d'être muette avec moy, soyez-la donc aujourd'hui, je ne vous presserai pas davantage, peut-être demain serez-vous moins cruelle. Il sortit aprés, avec un ris moqueur qui confirma Clarice dans l'idée qu'elle s'étoit faite de son caractere.

Ce fut pendant cette nuit qu'on apporta Clorante au château. J'ai déja dit que

Turcamene, curieux de le voir, avoit été lui parler, & qu'il l'avoit fait mettre dans une autre chambre. Le baume qu'il lui donna guerit ses playes en trois jours de tems. Ce Corsaire laissa passer ce tems sans importuner Clarice dans son chagrin ; & quand Clorante fut gueri, Turcamene, aprés lui avoir marqué la joye qu'il avoit de sa guerison, lui dit : Seigneur, je voudrois avoir occasion de vous prouver combien j'aurois de plaisir à vous rendre de plus grands services : mais maintenant que vous êtes entierement gueri, pourrois je, sans abuser de la reconnoissance que vous me témoignez, vous prier de m'apprendre ce qui vous rend si triste ? Vous avez poussé quelquefois des soûpirs qui partent d'un cœur bien affligé. Je prens déja part à ce qui vous fait gemir, & je vous avouë que je serois curieux de sçavoir & vos malheurs & vos peines; satisfaites, Seigneur, une curiosité compatissante, si vous n'avez quelque interêt secret qui s'y oppose Clorante, qui croyoit avoir affaire à l'hom-

me le plus genereux, & que les soins obligeans de Turcamene avoient sensiblement touché, n'osa se faire soupçonner d'ingratitude, & le mécontenter par un refus impoli. Il prit, sans balancer un moment, le parti de lui dire certaines choses, & d'en cacher d'autres : il lui raconta son amour pour Caliste, sans la nommer, & sans lui specifier ni l'endroit où il l'avoit connuë, ni celui où il l'avoit rencontrée. Il lui dit qu'il l'avoit perduë plusieurs fois, & qu'il la cherchoit, quand traversant

sant une riviere il avoit pensé perir; que des gens qui se trouverent là par hazard l'avoient sauvé, & que partant la nuit de l'endroit où il s'étoit remis de son naufrage, il avoit été attaqué par plusieurs hommes, qui, aprés une longue resistance de sa part, l'avoient mis dans l'état où il l'avoit vû.

Quand il eut fini, Turcamene, qui lui avoit entendu parler de naufrage arrivé pendant la nuit, lui fit quelques questions là-dessus d'un air indifferent. Il parut être étonné qu'à ces heures le hazard eût amené des gens qui le sauvassent. La chose étoit effectivement heureuse, repartit Clorante, & même avec moy l'on sauva un Cavalier, qui se jetta, dit-on, dans la riviere pour m'en tirer, & je n'ai jamais sçû qui ce Cavalier pouvoit être.

Turcamene à ce recit se souvenant de ce que Clarice lui avoit dit, fut convaincu que Clorante étoit celui qu'il avoit fait sauver avec elle, & que par consequent il étoit ce frere qu'elle avoit regretté si tendrement.

Si elle avoit moins méprisé sa tendresse, ou qu'il l'eût traitée d'une maniere moins violente, il se seroit aisément determiné à surprendre Clarice en lui montrant Clorante, qu'il croyoit son frere: mais aprés ce qui s'étoit passé entr'elle & lui, il jugea que le meilleur parti qu'il avoit à prendre, étoit de renvoyer au plûtôt ce frere. Clorante étoit entierement gueri ; il étoit déja tard, Turcamiene, pour l'engager à partir le lendemain, lui dit qu'une affaire d'importance l'obligeoit dans deux jours à aller à dix lieuës de là, & qu'il étoit fâché de ne pouvoir être avec lui que si peu de tems; que cependant il lui feroit plaisir de se reposer au château, qu'il ne seroit absent que dix ou douze jours, & qu'ils pourroient se revoir à son retour. Clorante, que la perte de Caliste accabloit d'inquietude, & qui brûloit d'impatience de se mettre en chemin pour la chercher, remercia Turcamene de la bonté qu'il avoit de lui proposer un plus long séjour, & ajoûta que le lendemain il prendroit congé de lui. Aprés ces mots ils eurent encore quelques momens de conversation ensemble, & le Corsaire quitta Clorante pour alloir voir Clarice, & pour empêcher qu'elle n'approchât du lieu où étoit ce frere pretendu: mais, soit que le hazard seul trompa sa prudence, ou que dans l'extremité la plus triste un destin inconnu veille à la sûreté du beau sexe, quelque précaution qu'il prît, il ne put dérober Clorante à Clarice. Ce Corsaire alla d'abord la chercher dans sa chambre : mais Clarice, à qui cette chambre & sa maison faisoient horreur, & qui ne pouvoit se resoudre à s'y enfermer, étoit descenduë dans un petit bois qu'enfermoient les murailles du château : là s'enfonçant dans l'endroit le plus épais, il lui sembloit qu'elle y respiroit un air de solitude & de liberté, dont l'apparence soulageoit son cœur, & trompoit son imagination. Elle apperçut Turcamene qui traversoit pour venir à elle; à cet aspect son cœur se troubla, elle pâlit, elle fut saisie de cette espece de fureur que produit un mouvement subit de haine & de desespoir, & qu'ont allumée avant les reflexions les plus funestes. Il voulut l'aborder : Ne m'approche pas, lui dit-elle, tu me fais fremir ; que viens-tu me dire ? qu'attens-tu de moy ? qu'ai je à te répondre ? Je suis en ta puissance, va, satisfaits tes yeux, regarde-moy, & borne là le fruit de ta violence. Mes regards me vangeront des tiens : mais n'interromps de nulle parole un silence que je n'interromprai que pour te detester. Elle se retira quand elle eut prononcé ces mots. Turcamene, outré d'un discours si méprisant, s'avança, & la suivit : Vous me fuyez en vain, lui repartit-il, & nous verrons lequel des deux aura le plus d'opiniâtreté, ou vous à me mépriser, ou moy à vous poursuivre. Clarice marchoit à grands pas, & ne répondoit plus rien. Elle se trouvoit auprés d'une porte de ce petit bois, & qui donnoit dans la cour du château. Turcamene craignant qu'elle ne sortît par cette porte,

porte, & que Clorante ne la vît par hazard à sa fenêtre, courut pour la fermer: mais quelle fut sa surprise, quand Clorante entra par cette porte! Il étoit venu se promener dans la cour, accompagné de quelques domestiques de la maison : il vit cette porte ouverte, la curiosité, ou plûtôt l'envie de rêver seul l'avoit fait entrer.

Turcamene, en le voyant, fut interdit, & recula. Clorante reconnut Clarice, & s'arrêta. Cette malheureuse Dame à son tour fit un cri; & dans l'excés de la joye inopinée qu'elle sentit en voyant ce qu'elle aimoit ; on la vit changer de couleur, & s'affoiblir. Clorante s'apperçut qu'elle chanceloit ; il s'avança, & la soûtint. En cet état elle tourna languissamment les yeux sur lui, & sembla lui dire par ses regards qu'elle mettoit tout son bonheur à le voir, à l'aimer même sans esperance : mais qu'elle meritoit du moins un sentiment de pitié.

Clorante, malgré ses chagrins & son amour pour Caliste, lui témoignoit, en la regardant aussi, combien il étoit touché des marques de sa tendresse. La douleur de ne pouvoir plus y répondre étoit exprimée sur son visage ; ils soûpiroient tous deux, Clarice du plaisir de le retrouver, quoy qu'infidele, & Clorante de l'invincible impression qui le rendoit ingrat, & qui forçoit son cœur à se refuser à des sentimens si tendres. Cependant Turcamene, la fureur & le dépit dans le cœur, demeuroit comme immobile ; les regards passionnez & la foiblesse de Clarice ne le desabusoient que trop de ce qu'elle lui avoit dit touchant Clorante : il jugea bien que ce n'étoit pas un frere qui causoit des mouvemens de cette espece. La nature en donne de trésvifs : mais elle n'en donne pas de si tendres. Il regarda la situation de ces deux personnes avec une fureur, que l'espoir d'une promte vengeance rendoit froide & muette. Clarice, qui commençoit à reprendre ses sens, rompit un silence que la jalousie, l'amour & la reconnoissance faisoient garder à ces trois personnes : Est-ce vous, dit-elle à Clorante ? Quand vous êtes venu dans ces lieux, avez-vous songé que j'y étois, ou plûtôt le sçaviez-vous? Non, Madame, je vous l'avouërai, repartit Clorante, j'ignorois que vous fussiez ici. Pour moy, le hazard m'y a conduit au retour d'un endroit où l'on m'avoit porté aprés un naufrage. Ah Clorante, reprit Clarice, je sçai le malheur qui vous est arrivé : je vous vis, à la faveur de la Lune, quand vous perissiez dans la riviere. Je n'ose vous dire ce que je fis, vous vous trouveriez trop ingrat. Pendant cette conversation Turcamene, pour executer des desseins qu'il meditoit, disparut, & les laissa libres. Quoy Madame, reprit Clorante, vous m'avez vû quand je perissois ? Je vous avois laissée le soir dans la ville que j'avois quittée, mon accident m'arriva pendant la nuit, & vous m'avez vû ? Oui, Clorante, dit Clarice, j'étois seule, & dans un déguisement qui cachoit mon sexe. Je partis aprés vous, sans sçavoir où j'allois ; je courus aprés un infidele qu'un autre amour éloignoit de moy, qui m'étoit cher malgré la fuite, & qui me le sera toûjours : je le vis qui perissoit, je ne me connus plus. Un moment aprés je perissois moy-même ; les mêmes gens nous sauverent tous deux. Leur maître, à qui ils apprirent mon sexe, me fit porter ici ; vous, Clorante, vous fûtes porté ailleurs, car enfin c'est de vous dont je parle, & je perdis la consolation de revoir celui pour qui j'avois exposé ma vie.

Clarice alors cessa de par

ler, les larmes lui coulerent des yeux. O Ciel! qu'entens-je, s'écria Clorante? Quoy c'est vous qui, déguisée en homme, vous exposâtes pour moy? Ah! le ressouvenir d'une action pareille va me laisser un remords éternel. De quelque espoir que me flate celle que je suis contraint d'aimer, comblât-elle ma felicité, ce que je vous dois, ce que vous venez de m'apprendre devroit me la faire oublier. Je sens que je n'en puis venir à bout; car enfin, Madame, il faut vous découvrir tout, sçachez les secrets d'un cœur trop reconnoissant pour vous rien cacher : ma franchise doit toucher le vôtre. Je suis un ingrat : mais je ne serai point perfide. J'ai vû celle que je cherchois avec tant d'ardeur ; quand on nous a sauvez on m'apporta chez elle, elle me reconnut la premiere, elle m'apprit qui elle étoit aprés. Là-dessus Clorante fit un recit sincere de tout ce qui s'étoit passé chez Periandre ; il croyoit que cet aveu le rendroit moins coupable. Clarice ne put lui laisser finir son histoire, elle le pria de discontinuer ; ses larmes redoublerent. Pourquoy faut-il, disoit Clorante, que je sois témoin d'une douleur qu'il n'est pas en mon pouvoir de calmer? Ah! sans la violence avec laquelle m'entraîne une sympatie que je ne puis vaincre, si ma passion n'étoit plus forte que toutes celles qu'on peut ressentir, croyez-vous, Madame, que les pleurs que vous répandez pour moy ne vous rendissent pas mon cœur? Ah! plein d'une image qui ne peut s'effacer, ce cœur est penetré de vos chagrins, il les partage, il vous plaint, il gemit lui-même. Helas Clorante, dit Clarice, de quoy me sert l'interêt que vous prenez à mes maux ? Vôtre ame est genereuse ; & quoy qu'un autre amour vous emporte, vous plaignez l'état où vous m'avez reduite: mais que cette compassion est cruelle ! Vous me plaignez en me donnant la mort. Je ne veux cependant plus vous reprocher vôtre inconstance; vous y êtes forcé, je le veux croire, je ne vous attendrirois pas par des fureurs jalouses : puisque mes larmes & ma langueur ne peuvent rien sur vous, il me suffit à present de vous assurer que mon amour ne s'éteindra jamais. Peut-être, Clorante, que le retour de vôtre cœur est attaché à ma constance ; si jamais il revenoit à moy, fûs-je alors au dernier instant de ma vie, je serois trop charmée, puisque j'expirerois sûre de vôtre tendresse. Oui, Clorante, pour arriver à cet instant la constance la plus triste & la plus malheureuse aura des charmes pour moy.

Dans cette attente, que me fait envisager peut-être le secret plaisir de vous avoir trouvé, je n'exige de vous qu'une seule chose. Vous êtes resolu de chercher partout celle qui vous attache, souffrez, Clorante, que je vous accompagne où vous irez, dans les dangers où vous exposeront sans doute & les difficultez que vous voudrez surmonter dans cette recherche, & vôtre desespoir; ou je vous retiendrai par l'interet de vôtre amour, ou, pour vous servir d'exemple, je m'y exposerai la premiere. Ne craignez point les importunitez d'une amante à qui la douceur d'être avec vous fera supporter ses peines. J'étoufferai mes soûpirs, & si je verse des larmes, elles ne seront versées que pour vous & pour vos malheurs. Je m'instruirai de tout, je ne negligerai rien de ce qui pourra flater vos esperances, & plus j'aurai d'amour, plus j'aurai d'ardeur à découvrir, à chercher des moyens qui pourront vous approcher de ce que vous aimez ; dans vos chagrins moy-même j'aurai soin de vous consoler : je ferai plus, je vous animerai à vôtre recherche, & jugeant par ma propre experience du malheur d'avoir perdu ce qu'on aime, & de le chercher vainement, il n'est rien que je n'imagine pour vous sauver du desespoir. Encore une fois, Clorante, ne craignez rien de ma tendresse : si malgré l'outrage que vous m'avez fait en me quittant ; si malgré la douleur de vous retrouver infidele, cette douleur n'éclate que par des soûpirs ; si je vous épargne jusqu'au moindre reproche, qu'aurez-vous alors à redouter de moy ? Je vous suivrai, je vous verrai sans cesse, vous me confierez vos peines, la confiance que vous aurez pour moy me soulagera, vous serez charmé vous-même du peu de contrainte où vous vivrez avec moy, vôtre reconnoissance en augmentera, je me croirai heureuse & toûjours prête à le devenir. Voila, Clorante, la grace que je vous demande; voila, si vous me l'accordez, à quoy je reconnoîtrai cette compassion genereuse

nereuse que vous me témoignez : il faut maintenant vous instruire d'une chose qui vous surprendra. Celui chez qui je suis a de la passion pour moy, vous l'avez vû : mais vous ne sçavez pas ce dont il est capable. J'ai crû d'abord un effet de sa generosité les soins qu'il avoit de moy ; ainsi je ne m'en suis point méfiée, & j'ai tâché, autant que j'ai pû, de lui marquer combien je lui en étois obligée.

Nous en étions en ces termes tous deux, quand tout d'un coup, en me promenant avec lui, il me surprit par une declaration d'amour la plus hardie. Je m'en trouvai vivement offensée, & je lui fis connoître par une réponse conforme à mes sentimens : mais loin de terminer son discours, il n'en devint que plus effronté ; car après avoir feint de se rendre à mes raisons, & de reprendre le respect, il me pria de demeurer encore quelque tems avec lui. Je penetrai d'abord son dessein : le traître meditoit de me retenir avec violence, en cas que je ne voulusse point souffrir son amour. La proposition qu'il me fit m'irrita contre lui davantage ; je lui dis tout ce que la fureur pouvoit me suggerer de plus méprisant, & ce fut alors qu'il se montra tel qu'il étoit en effet, & tel que je me l'étois imaginé : en un mot il cessa de se contraindre, & dés ce moment il m'apprit que je serois sa captive. Je l'aurois peut-être toûjours été sans vous, Clorante. Ce n'est pas que je n'eusse trouvé moyen de finir une vie exposée aux insultes d'un malheureux: mais je ne pouvois encore me resoudre à mourir, parce que je ne pouvois me resoudre à cesser de vous aimer. C'est à vous maintenant à me tirer des mains d'un homme insolent, dont le brutal amour ne respecteroit pas mon honneur. Je ne vous en presserai pas davantage; il suffit à vos pareils d'être instruits en pareille occasion : sur toute chose ne lui laissez appercevoir aucun dessein. Lorsque je lui demandai ce qu'on avoit fait de vous quand on vous eut sauvé, je lui cachai le veritable motif de mon inquietude, & je lui dis que vous étiez mon frere. Confirmez-le dans son erreur, paroissez tranquile ; ou si vous voulez même, avoüez-lui que je me suis plainte de ses manieres : il seroit dangereux d'en faire un mystere. Dites-lui que vous pardonnez son peu de retenuë à la violence de sa passion, & que l'obligation que nous lui avons vous rendra favorable à ses intentions. C'est là le seul moyen de le tromper ; par là vous aurez le tems de m'affranchir de l'esclavage où je suis. Si vous en agissiez autrement, & qu'il vous soupçonnât du moindre ressentiment, vos jours seroient exposez : ils me sont trop chers. Non, non, Madame, dit Clorante, ne craignez plus rien, vos jours & les miens seront en sûreté bientôt. Je fremis du peril où vous étiez : mais reposez-vous de tout sur moy, le Ciel & mon ardeur feront reüssir mon entreprise. Je ne vous dis pas ce que je ferai. Je l'ai averti que je partirois demain ; je vais paroître, afin de lui ôter les soupçons qu'un entretien

plus long pourroit lui laiſ-
ſer. Ah Clorante, s'écria
Clarice, c'eſt l'envie de me
quitter qui vous donne tant
de précaution ; vous ne vous
en appercevez pas vous-même : vous êtes gêné, je ne
vous retiens pas, allez ; c'eſt
bien aſſez pour moy que
vous me ſerviez. Quelque
plaiſir que j'aye à vous entretenir, j'aime encore
mieux le perdre, que d'a-
voir le chagrin de vous contraindre. Aprés ce que j'ai
fait contre vous, dit Clorante, il n'eſt point de reproche que je ne merite.

mais, Madame, ce seroit vous haïr, que de sentir cette gêne que vous dites. Ne m'en accusez plus, la douceur que vous conservez avec moy m'attache à vous d'une amitié éternelle.

A peine eut-il achevé ces mots, qu'ils virent Turcamene qui venoit dans le bois. Allez seul l'aborder, dit Clarice à Clorante, examinez-le, & ne témoignez rien. Clorante aussitôt vint au-devant de Turcamene. Quelque effort que fist sur lui ce Corsaire, il ne put s'empêcher de le saluer d'un
air

air embarassé. Clorante l'aborda d'une maniere ouverte; cette maniere lui fut suspecte; mais il avoit déja prévû à tout.

Vous ne vous attendiez pas, Seigneur, lui dit-il, de trouver vôtre sœur dans ma maison ; si j'avois sçû qui vous étiez, vous ne l'auriez pas vûë si tard : mais, Seigneur, elle vous aura sans doute ôté l'estime que vous aviez conçûë pour moy. Je l'aimois, je ne la connoissois pas, le hazard m'en avoit rendu maître, & je n'ai pû renoncer au plaisir de la voir, quoy qu'elle ait voulu partir. Il est inutile de vous en dire davantage, je suis persuadé qu'elle vous a tout appris. Turcamene ne fit cet aveu, qui paroissoit si ingenu, que pour engager Clorante à lui répondre avec la même ingenuité sur tout ce que lui auroit raconté Clarice, & peut-être aussi pour sonder ses desseins.

Il est vrai, Seigneur, repartit Clorante, que ma sœur a paru mécontente de vos manieres; elle les a regardées comme une violence, dont elle s'est plainte. Quand les Dames n'aiment pas, elles traitent d'outrage ce qui leur sembleroit obligeant si elles aimoient. Je vous dirai cependant que vous auriez dû en agir plus doucement avec elle ; la douceur & le respect fléchissent un cœur & le desarment : mais on n'est pas toûjours le maître de ses mouvemens, une opiniâtre aversion desespere, & nous engage à des actions qu'on desavouë, quand le respect & la raison reviennent. L'amour est l'excuse des crimes qu'il fait commettre ; & pour moy je les pardonnerai toûjours. Cependant, Seigneur, je suis charmé pour vous que le hazard m'ait conduit ici ; je vous épargnerai le chagrin de voir augmenter la haine de Clarice, & de vous rendre encore plus coupable. Le service que vous nous avez rendu à tous deux doit m'interesser à ce qui vous touche ; je tâcherai de lui faire oublier ses sujets de plainte, & quoique je sois obligé de partir demain, je la laisserai encore quelques jours chez vous : & je pretens même, ajoûta Clorante en soûriant, que vous me teniez compte de la faveur que je vous fais ; tâchez de vôtre côté d'effacer par des manieres opposées la colere qu'elle a contre vous.

Un excés de prudence ou de zele a souvent fait échoüer les entreprises les mieux imaginées. Au travers de tant d'honnêtetez Turcamene découvrit l'artifice ; il en avoit trop fait pour les meriter : la faveur dont le flatoit Clorante, en feignant de vouloir laisser

Clarice chez lui, acheva de le confirmer dans ses soupçons; & comme il avoit compris que Clorante étoit un amant, & non pas un frere, il jugeoit bien qu'il devoit s'attendre incessamment à la vengeance la plus affreuse. Mais j'ai déja dit qu'il avoit mis ordre à tout; ainsi n'ayant plus sujet de trembler, il remercia sur le même ton Clorante de l'indulgence genereuse qu'il avoit pour lui, poussa la fourberie jusqu'à lui offrir de nouveaux services, & ajoûta qu'il attendoit son retour avec impatience.

Clorante, à qui la dissimulation étoit moins naturelle qu'au Corsaire, crut avoir calmé ses craintes, & n'eut aucune méfiance. Il étoit déja nuit, il quitta Turcamene avec des marques d'amitié qu'ils se donnerent de part & d'autre, & se chargea d'aller reconduire Clarice dans sa chambre. Elle n'étoit pas loin, il l'appella, & lui fit un recit de tout.

Elle crut voir dans ce que Clorante lui rapporta que le Corsaire meditoit contre lui quelque chose de funeste. Ah! Clorante, lui dit-elle, vous avez paru trop reconnoissant, vous avez trahi vôtre secret, & les remercimens qu'il vous a faits cachent une resolution terrible. Partez dés aujourd'hui, Clorante, vous perirez, je sçaurai par ma mort prévenir sa violence; je n'aimois à vivre que pour vous aimer, je renonce & à mon amour & à ma vie, s'il faut que vous mouriez.

Eh croyez-vous, Madame, dit Clorante, que de pareils sentimens me détournent de l'action que je veux faire ? Vous me sacrifiez tout, & vous voulez que j'y consente. Ah Madame, il ne manque à ma sensibilité, pour être telle que vous la voulez, qu'un seul remerciment, qui ne dépend pas de moy : mais n'ayez plus d'alarme, nôtre ennemi commun est trompé ; si vous l'aviez entendu parler, vous en jugeriez comme moy. En tout cas je ne lui donnerai pas le tems de rien executer ; je sors demain, & demain vous serez libre & vangée.

A ces mots Clarice & Clorante sortirent du bois ; il la remit dans sa chambre, & la quitta pour aller trouver Turcamene dans la sienne. Il entra, ce Corsaire lui dit, en le voyant : Seigneur, je n'aurai pas l'honneur de vous entretenir ce soir, une affaire subite m'oblige à sortir, & je ne reviendrai que fort tard : mais puisque vous partez demain, vous avez besoin de repos, & j'aurai le plaisir de vous voir le matin. Cependant vous ne perdez gueres à ne point m'avoir ce soir, & la compagnie de vôtre sœur est preferable à la mienne.

Je ne laisserois pas, dit Clorante, d'être fâché de perdre la vôtre : mais je pense que ma sœur va se mettre au lit. Adieu, Seigneur, j'espere que nous nous reverrons demain. Là-dessus Clorante quitta Turcamene, & s'en alla s'enfermer dans sa chambre.

Fin du premier Tome.

www.ingramcontent.com/pod-product-compliance
Lightning Source LLC
Chambersburg PA
CBHW050757170426
43202CB00013B/2458